당의 Dang-ui

1500s-1900s

석주선기념박물관 편

단국대학교출판부

Dang-ui

일러두기

1 이 책은 단국대학교 석주석기념박물관 민속·복식 제44회 특별전에 전시된 유물을 포함하여 구성한 도서입니다.

2 도판과 실측도의 순서는 유물의 연도와 구성순이며, 단국대학교 석주선기념박물관의 소장품은 소장처를 표시하지 않았습니다.

3 유물의 크기는 cm 단위로 하였습니다.

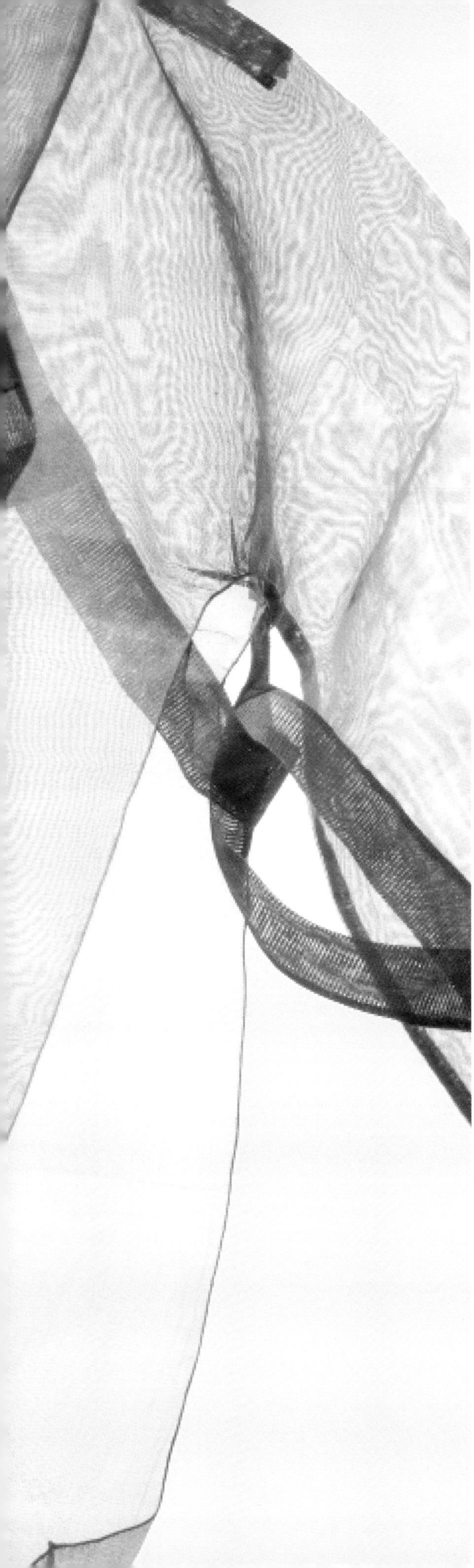

목차
CONTENTS

축사

1967년 개교 20주년을 기념해 개관한 단국대학교박물관은 1981년 5월, 복식학자 난사 석주선 박사께서 평생 수집한 3,365점의 전통 복식 유물 기증으로 탄생한 석주선기념민속박물관과 통합하여 오늘에 이르고 있습니다. 1999년 새롭게 출범 석주선기념박물관은 석주선 박사의 유지를 이어 어느덧 44번째 특별전을 맞이하게 되었습니다. 그동안 박물관은 전통 복식 연구의 중심으로 자리를 잡으며, 매년 꾸준히 학술 발표와 전시를 통하여 우리 복식문화의 가치를 널리 알리는 데 힘써왔습니다.

요즘 우리는 저출산, 다문화, 그리고 기후변화 등 크고 작은 사회·환경적 변화를 겪고 있습니다. 이런 시대 속에서도 석주선기념박물관은 전통문화가 잊혀 가지 않도록, 그 소중함을 지키고 이어가기 위해 노력하고 있습니다.

2025년 5월, 박물관에서는 다양한 시대의 당의를 한자리에 모은 특별전과 도록을 선보이게 되었습니다. 특히 이번 전시는 우리 박물관의 소장품뿐만 아니라, 여러 기관의 소중한 협조 덕분에 더욱 풍성한 내용을 담을 수 있었습니다. 조선시대 여성들이 입었던 다양한 당의를 통하여 그 시대 여성들의 품격, 아름다움, 그리고 삶의 이야기를 다시 들여다보는 소중한 시간이 되리라 기대합니다.

이 도록이 많은 분들께 영감을 전하고, 우리 전통 의복에 관한 관심과 자부심을 더욱 키우는 계기가 되기를 바랍니다.

마지막으로, 이번 전시와 도록을 정성껏 준비해 주신 박물관의 모든 직원 여러분, 그리고 귀한 유물을 기꺼이 대여해 주신 여러 기관에도 깊이 감사드립니다.

2025년 5월

단국대학교 총장 안 순 철

발간사

조선시대의 복식은 단순한 시대적 유행을 넘어, 그 사회의 문화적 흐름과 가치관을 반영하는 소중한 역사적 유산입니다. 특히 고유한 형태를 가진 당의는 단지 아름다운 옷이 아니라, 여성의 신분과 역할, 그리고 사회가 추구하던 미의 기준과 윤리관을 보여주는 특별한 상징이었습니다. 독특한 형태와 멋을 지닌 당의는 조선 여성 복식 중에서도 가장 한국적이고 독창적인 매력을 가진 옷이라 할 수 있습니다.

이 도록은 박물관의 대표 유물이자 국가민속문화유산인 덕온공주 당의와 함께 1500년대부터 1900년대에 이르는 조선시대 여성 예복인 당의의 변천사를 선보입니다. 또한 그 안에 담긴 미적 감성과 역사적 의미를 담아내고자 하였습니다. 조선시대는 긴 시간 동안 다양한 변화와 사건을 겪었고, 그에 따라 여성들의 옷차림도 시대에 맞게 달라졌습니다. 당의는 그 시대의 정치적·사회적 배경을 반영하며 점차 정교하고 세련된 형태로 발전해 왔으며, 디자인과 색상, 장식 요소 하나하나에도 그 시대 여성들의 사회적 위치와 미의식이 담겨 있었습니다.

이 도록에서는 단국대학교 석주선기념박물관 소장 유물을 중심으로 당의의 변화 과정을 정리하면서, 각 시대를 살아간 여성들이 어떻게 자신만의 미감을 담아 당의를 표현했는지를 조명하고자 하는 의도로 기획되었습니다. 이를 통해 우리는 전통 복식이 지닌 깊은 역사와 미학을 다시금 바라보고, 그 안에 담긴 여성들의 삶과 멋의 정신을 재발견할 수 있을 것입니다.

이번 발간은 40여 년간 전통 복식 연구에 힘써온 단국대학교 석주선기념박물관의 오랜 노력이 담긴 결과물로, 한국 전통 복식사 연구의 발전과 대중화에 크게 기여하리라 기대합니다.

끝으로 이 소중한 자료를 통해 우리가 잊고 지냈던 역사와 그 속에 담긴 의미를 되새기며, 한국 전통문화의 깊은 아름다움과 소중함을 다시 느끼는 계기가 되기를 바랍니다.

2025년 5월

단국대학교 석주선기념박물관장 **박 성 순**

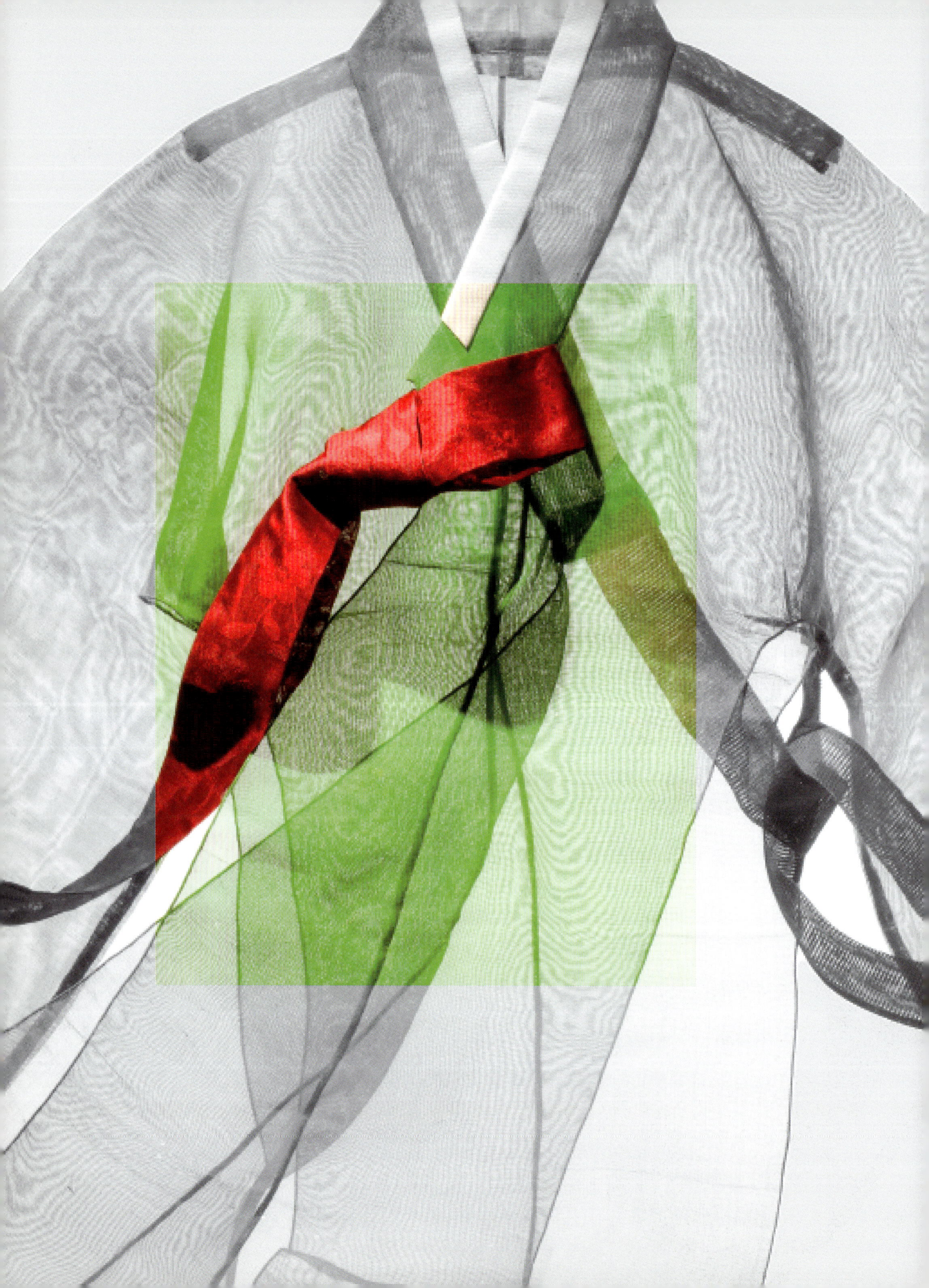

화보

01

1500년대

조선전기의 장저고리는 옆선이 트여 있으며, 허벅지를 덮는 형태로 당의와 유사한 구성의 옷이다. 1500년대의 옆트임이 있는 장저고리는 직물, 구성 등에 따라 크게 3가지로 분류된다. 직금단을 사용한 당저고리, 연화·구름 등의 문단을 사용하거나 무늬가 없는 직물로 만든 장저고리, 그리고 들여달린 목판깃에 여며지는 방식이 다른 맞깃형 또는 대금형 장저고리가 있다.

During the early Joseon period, the jangjeogori (women's long jacket) featured open side seams and extended to cover the thighs, resembling the structure of the dang-ui (women's ceremonial long jacket). The long jeogori with side openings, which appeared around the 1500s, can be broadly classified into three types based on the fabric used and the garment's construction.

The first type is the dangjeogori, made from luxurious jikgeumdan (silk woven with thread made from gold). The second type is a long jacket crafted from mundan (patterned fabrics) featuring motifs such as lotus flowers or clouds, as well as those made from plain, unpatterned fabrics. The third type consists of matgit-style or daegeum-style jeogori, which are distinguished by their inserted mokpan git (rectangular collars) and their differing methods of fastening.

당저고리

唐赤古里

Dangjeogori
Women's long jacket with woven gold thread

001

당저고리 청주한씨 묘 B003908

1550년대
국가민속문화유산

솜 / 연화직금단, 운문단
길이 96 | 화장 92.5 | 품 65 | 진동 38 | 수구 33

내어달린 목판깃의 장저고리이다. 옆트임이 있으며, 소매선을 기준으로 길의 윗부분은 운문단으로 섶과 길, 무 부분은 연화직금단으로 구성하였다. 현재는 편금사의 금은 소실되었고, 배접지만 남아 있다.

운문단 부분

겉길 펼침면

뒷면

002

당저고리 정응두 배위 은진송씨 묘, B007324

1509년~1580년

겹 / 연화보문직금단, 명주
길이 78 | 화장 99 | 품 68 | 진동 36 | 수구 30.5

내어달린 목판깃의 장저고리이다. 옆트임이 있고, 길의 상부, 소매는 명주를 사용하였으며, 길의 하부, 섶, 깃, 무부분은 연화직금단으로 구성하였다. 길의 하부장식이 무보다 아래로 배치한 것이 특징이다. 발굴 당시 금직이 남아있었지만 현재 직금사는 모두 소실되었다.

겉길 펼침면

뒷면

현재 직금 흔적만 남은 상ㅌ

뒷길 직금 부분

발굴 당시의 직금 부분

003

당저고리 정응두 배위 은진송씨 묘, B007355

1509~1580년

겹 / 직금단, 명주
길이 79 | 화장 92 | 품 69.5 | 진동 35.5 | 수구 30.5

길의 상부와 소매는 명주를 사용하였으며, 길의 하부, 섶, 깃, 무 부분은 현재 무문단으로 보이지만 일부 금사의 흔적이 남아 있어 직금단을 사용한 당저고리로 보인다.

뒷면

겉길 펼침면

금사 흔적

004

장저고리 구성이씨 묘

1500년대 중후반
국가민속문화유산

겹 / 직금단, 영지매죽문단
길이 77 | 화장 92 | 진동 37.5 | 품 71 | 수구 29.5
수원박물관 소장

내어달린 목판깃의 옆트임이 있는 장저고리이다. 발굴 당시 대렴의였으며, 소매와 길의 상부는 영지매죽문단이며, 길의 하부와 깃, 무 부분은 연화보문직금단으로 만들어졌다.

005

금선단 장저고리 선성군가 묘주 미상 여 묘

1500년대 중후반

겹 / 직금단, 명주
길이 80 | 화장 100.5(76.5) | 품 69.5 | 진동 34 | 수구 31
하남역사박물관 소장

내어달린 목판깃으로 32.4㎝의 옆트임이 있는 직금단 장저고리이다. 수의로 착용하고 있었으며, 금선단 장저고리 위에 마지막으로 연화보상화문단 장저고리를 착용하고 있었다. 부분만 직금단으로 장식한 다른 당저고리와 다르게 소매 끝의 거들지 부분을 제외한 부분을 모두 연화보문직금단으로 만든 것이 특징이다.

장저고리

長赤古里

Jangjeogori, Woman's long Jacket

006

장저고리 강릉김씨 묘, B009305

1520년대

겹 / 연화보문단

길이 82.5 | 화장 99 | 품 72 | 진동 36 | 수구 25

뒷면

겉길 펼침면

내어달린 목판깃의 장저고리이다. 옆트임이 있으며, 몸판은 녹색빛의 모두 작은 연화보문단이며, 소매의 끝동 부분만 만초문단으로 사용하였다. 겨드랑이의 'ㄱ'자 무는 따로 만들지 않고 옷감의 한 폭으로 구성하였다. 소매는 진동 36㎝, 수구 25㎝로 자연스럽게 좁아지는 일자형이다.

소실된 고름 부분

끝동의 만초무늬와
몸판의 작은 연화보상화무늬

007

장저고리 강릉김씨 묘, B009306

1520년대

겹 / 연화만초문단
길이 79 | 화장 89 | 품 66 | 진동 33 | 수구 25

내어달린 목판깃의 장저고리이다. 옆트임이 있으며, 몸판은 녹색빛의 흔적이 남아 있는 만초문단이며, 겨드랑이의 'ㄱ'자 무는 없이 옷감의 한 폭을 모두 사용하였다. 한 폭을 사용한 후 남은 소매의 이음직물과 끝동은 소실되어 현재는 안감이 드러난 상태이다. 도련에는 4㎝ 정도의 두땀상침을 둘러주었다.

뒷면과 펼침면

연화만초무늬

008

장저고리

천안 유량동 무연고 여성 묘, B010499

1500년대 중반

솜 / 연화문단

길이 86 | 화장 98 | 품 70 | 진동 39 | 수구 28.5

내어달린 목판깃의 장저고리이다. 솜을 넣었으며, 안감의 섶과 무 부분에는 고운 명주를 사용하였다. 특히 길의 상부, 소매에는 진갈색빛이 남은 연화문단을 사용하였으며, 길의 하부, 섶, 깃, 'ㄱ'자 형의 무 부분은 색이 연한 다른 형태의 연화문단으로 구성하였다. 당저고리의 양식을 사용하여 제작한 장저고리의 특징을 보이고 있다.

겉길 펼침면과 길하부의 연화무늬

뒷면과 길상부의 연화무늬

009

장저고리 천안 유량동 무연고 여성 묘, B010500

1500년대 중반

겹 / 소화문단

길이 82 | 화장 89 | 품 69 | 진동 37 | 수구 28.5

연꽃 크기가 2㎝의 작은 연화무늬를 사용한 내어달린 목판깃의 장저고리이다. 겨드랑이의 'ㄱ'자 무가 없이 옆트임이 있고, 몸판은 진한 녹색빛의 흔적이 남아 있다. 자주색의 고름이 남아 있으며, 도련에는 두땀상침을 둘러주었다.

010
기영회도 신수14888
국립중앙박물관 소장

011

장저고리 정응두 배위 은진송씨 묘, B007323

1509년~1580년

겹 / 연화문단

길이 81 | 화장 90 | 품 36 | 진동 33 | 수구 31.5

내어달린 목판깃의 장저고리이다. 겨드랑이의 'ㄱ'자 무가 달려 있으며, 연꽃 크기가 2㎝ 정도의 작은 연화무늬를 사용하였다. 소매 끝동은 명주로 되어 있고, 모두 진한 녹색빛의 흔적이 남아 있다. 고름은 흔적만 남아 있으며, 가장자리는 0.7㎝ 정도 홈질로 곱게 박아주었고, 도련에는 두땀상침을 둘러 주었다.

겉길 펼침면

뒷면

무늬 없는 장저고리

長赤古里

Jangjeogori, Woman's long Jacket

012

장저고리

강릉김씨 묘, B009304

1520년대

겹 / 명주

길이 67 | 화장 98.5 | 품 71 | 진동 34 | 수구 26

013

장저고리

강릉김씨 묘, B009307

1520년대

겹 / 면주

길이 82 | 화장 96 | 품 70 | 진동 36 | 수구 27

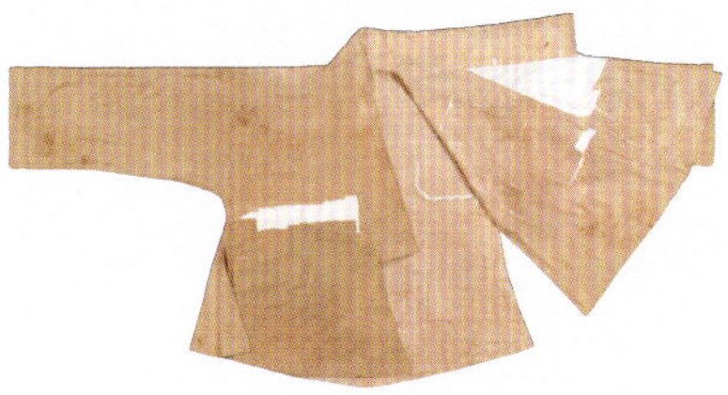

014

장저고리

강릉김씨 묘, B009308

1520년대

겹 / 면주

길이 82 | 화장 93 | 품 72 | 진동 32 | 수구 26.5

015

장저고리

경주정씨 정온 묘, B008737

1481년~1538년

솜 / 명주

길이 81.5 | 화장 90 | 품 67 | 진동 34.5 | 수구 26

016

장저고리 경주정씨 정온 묘, B008736

1481년~1538년

솜 / 명주

길이 82 | 화장 84.5 | 품 70.5 | 진동 34 | 수구 28

진한 녹색빛이 남은 명주로 만든 솜 장저고리이다. 내어달린 목판깃이며, 겨드랑이의 'ㄱ'자 형 무가 달려 있고, 고름은 자주색의 흔적만 남아 있으며, 도련, 옆선, 깃의 가장자리는 0.5㎝ 정도의 솜실을 넣어 둘러주었고, 두땀상침을 하였다.

겉길 펼침면

전체 펼침면

017

장저고리 이헌충 배위 안동김씨 묘, B011491

1500년대 전반

겹 / 명주

길이 81.5 | 화장 91 | 품 72 | 진동 34 | 수구 29.5

겉감과 안감을 명주로 만든 장저고리이다. 내어달린 목판깃이며 고름은 소실되었다. 옆선에는 'ㄱ'자 형 무가 달렸고, 옆선트임쪽의 안감은 몸판보다 고운 명주를 사용하였다. 도련, 옆선, 깃의 가장자리는 0.7㎝ 정도의 고운 홈질로 둘러주었으며, 두땀상침을 하였다.

겉길 펼침면

뒷면

앞면과 겉길 펼침면

018

장저고리

천안 출토 유인이씨 묘, B012971

1500년대 중후반

겹 / 명주

길이 81 | 화장 90 | 품 70v진동 35 | 수구 30.5

앞면과 겉길 펼침면

019

장저고리

천안 출토 유인이씨 묘, B012972

1500년대 중후반

겹 / 명주

길이 82.5 | 화장 96.5 | 품 70 | 진동 34.5 | 수구 30

020

장저고리 청주한씨 묘, B003904

1550년대

국가민속문화유산

솜 / 명주

길이 80 | 화장 102 | 품 73 | 진동 36 | 수구 30.5

내어달린 목판깃의 솜장저고리로 깃과 고름에는 몸판과 다른 자주색 명주로 장식하였다. 겉섶과 안섶 옆선 트임의 무쪽의 안감은 몸판보다 고운 명주를 사용하였다. 도련, 옆선, 깃의 가장자리는 0.5㎝ 정도의 두께로 솜실을 넣어 고운 홈질로 둘러주었으며, 두땀상침을 하였다.

021

장저고리

청주한씨 묘, B003909, 국가민속문화유산
1550년대

솜 / 사면교직
길이 73.5 | 화장 97 | 품 66 | 진동 34.5 | 수구 32

022

장저고리

정응두 배위 은진송씨 묘, B007325
1509년~1580년

솜 / 명주
길이 79 | 화장 90 | 품 69 | 진동 39 | 수구 31

023

장저고리

정응두 배위 은진송씨 묘, B007368
1509년~1580년

겹 / 세주
길이 80 | 화장 90 | 품 73 | 진동 34 | 수구 31

호수 : 맞깃 장저고리

好袖 : 對襟形 長赤古里

Jangjeogori,
Woman's Symmetric Collared Jacket

024

맞깃 장저고리 강릉김씨 묘, B009311

1520년대

겹 / 연화보상화문단
길이 81 | 화장 90 | 품 66 | 진동 35 | 수구 26.5

맞깃형 장저고리이다. 겉감은 작은 크기의 연꽃과 보문이 시문된 문단이며, 소매 끝에는 꽃의 크기가 큰 연화보상화문단으로 만들었다. 양쪽 섶의 상부에 주름을 잡아 주었으며, 깃의 가장자리에 고름의 흔적이 남아 있어, 맞깃으로 착용한 것을 확인할 수 있다. 깃머리에는 고운 박음질을 하였고, 가장자리는 0.6㎝ 들어와서 홈질해 주었다.

겉길 필침면과 뒷면

연화길상무늬

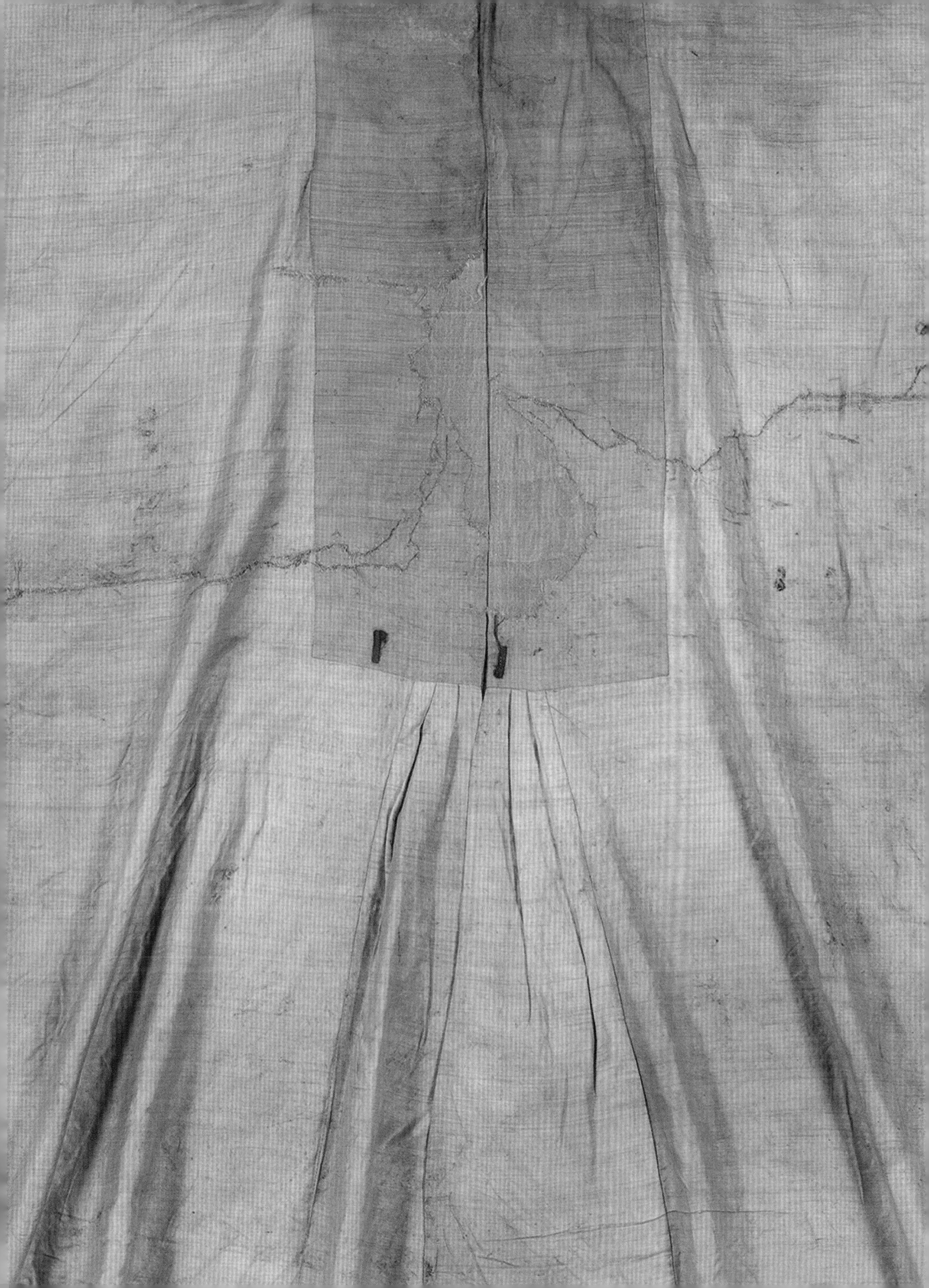

맞깃 앞면

025

맞깃 장저고리

강릉김씨 묘, B009310
1520년대

솜 / 명주, 연화보상화문단
길이 80.5 | 화장 94 | 품 71 | 진동 29 | 수구 25

명주로 된 겉감과 안 사이에 솜을 둔 솜옷으로, 연꽃과 길상무늬의 비단으로 들여달린 목판깃이다. 깃의 좌우가 같은 맞깃형 솜장저고리로 양쪽 섶 상부에 주름이 잡힌 것이 특징이다. 옆선에는 무가 달렸으며 트임을 주었다. 가장자리는 0.7cm 정도로 곱게 홈질하여 주었다.

겉길 펼침면

뒷면

깃의 연화문단 부분

026

맞깃 장저고리 강릉김씨 묘, B009309

1520년대

솜 / 명주, 연화보상화문단
길이 80.5 | 화장 94 | 품 71 | 진동 32 | 수구 26

들여달린 목판깃의 맞깃 장저고리이다. 양쪽 섶의 상부에는 주름을 잡아 주었으며, 깃에는 연화보상화문단을 사용하였다. 소매의 일부가 소실되어 안감의 솜이 그대로 드러나 있다. 소매 끝은 안감의 시접이 위로 드러나 있어 접어서 착용한 것임을 알 수 있다.

맞깃 앞면

겉길 펼침면

뒷면

027

맞깃 장저고리

이헌충 배위 안동김씨 묘, B011490
1500년대 전반

겹 / 명주
길이 80 | 화장 80 | 품 65.5 | 진동 35.5 | 수구 27.5

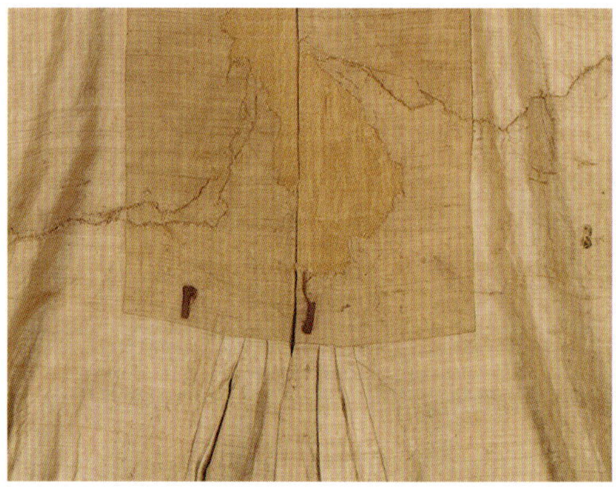

고름 부착 부분

들여달린 목판깃의 맞깃 장저고리이다. 겉감과 안감을 명주로 만들었으며, 양쪽 섶위로 주름을 2개씩 잡아 주었다. 이 옷의 가장 큰 특징은 안깃의 고름의 위치이다. 안깃의 중앙에 고름이 부착되어 있어 착용 시 중앙부가 벌어지지 않고 일부 겹쳐 여며지도록 구성되었다. 도련과 옆선, 깃의 가장자리는 0.6㎝ 들어가서 곱게 홈질로 바느질하였다.

겉길 펼침면

뒷면

028

직금 공작흉배 대금형상의

인천 석남동 출토 여 묘
1500년대 초반

겹 / 직금단
길이 77 | 화장 83.5 | 품 63 | 진동 32.5 | 수구 24
인천광역시립박물관 소장

무문단에 공작흉배를 직금한 맞깃 장저고리이다. 공작흉배는 겉섶쪽과 뒷길에만 직조가 되어 있다. 고름과 동정은 소실되었으나 흔적은 남아 있다. 무는 없으며 옆선이 트여 있다.

029

대금형상의 인천 석남동 출토 여 묘

1500년대 초반

겹 / 운문단
길이 79 | 화장 86.5 | 품 63 | 진동 34.5 | 수구 24
인천광역시립박물관 소장

들여달린 목판깃이며, 겉감은 운문단 안감은 명주이다. 깃은 연화만초문단으로 사용하였다. 맞깃으로 좌우 섶 상부에 주름이 2개 잡혀 있다. 고름과 동정은 소실되었으며, 안감의 무 부분에만 고운 명주를 사용하였다.

02

| 1 6 0 0 년 대 |

1600년대의 장저고리는 1500년대의 장저고리와 형태적으로 거의 유사하다. 내어달린 목판깃형으로 옆트임이 있는 구조이지만 임진왜란의 영향으로 인해 길이와 품이 1500년대에 비해 줄어들었으며, 이는 저고리뿐 아니라 여성과 남성들의 다른 옷에서도 같은 경향을 보이고 있다.특히 이전 년대와의 차이점은 내어달린 목판깃과 함께 목판당코깃이 등장한 점이다. 깃의 형태는 시간의 흐름에 따라 변화되는 특징을 가지고 있으며, 이러한 변화는 복식사에서 시대를 구분하는 중요한 단서로 작용한다.

The jangjeogori (women's long jacket) of the 1600s was structurally very similar to that of the 1500s. It retained the open side seams and the outwardly extended mokpan git (rectangular collar). However, due to the impact of the Imjin War (1592–1598), both the length and width of the garment were reduced compared to those of the 1500s. This trend of smaller proportions was not limited to the jeogori but was also seen in other garments worn by both women and men during the same period.

A particularly notable change from earlier periods was the emergence of the mokpan-dangko git (a variation of the rectangular collar) alongside the conventional extended rectangular collar. The shape of the collar evolved over time, and such changes in the collar design serve as important indicators for distinguishing different periods in the history of Korean clothing.

030

광해군비 당의 B003477

1576년~1623년
국가민속문화유산

홑 / 봉화문단
길이 75 | 화장 91 | 품 53 | 진동 32 | 수구 26

조선 15대 임금 광해군(光海君)의 비(妃) 유씨(柳氏)의 당의이다. 봉황과 연화등의 화문이 시문된 초록색 문단으로 만든 홑당의이다. 1600년대 가장 이른 연대에 확인된 목판당코깃의 형태의 장저고리이다. 동정은 문단, 고름은 자주색 명주로 짧게 달려 있다. 트임은 겨드랑이에서 2㎝ 내려와 시작되고, 솔기의 시접은 푸서를 그대로 남겨 두었으며, 가장자리의 도련은 접어서 공그르기하였다. 겨드랑이의 곡선을 만들어 주기 위해 가위집을 내주었다.

깃, 안깃, 트임 부분

겉길 펼침면

뒷면

흰색 동정 안쪽에 "丙子生王妃柳氏願命衣"라는 명문이 적혀 있어 광해군비를 위한 옷임을 확인할 수 있다.

031

선묘조제재경수연도 1605년

18세기 작

고려대학교박물관 소장

032

장저고리 해남윤씨 배위 순흥안씨 묘, B009491

1551년~1609년

겹 / 모란만초문단
길이 72.5 | 화장 84.5 | 품 58 | 진동 30 | 수구 30

내어달린 목판깃에 모란만초문단으로 만든 장저고리이다. 소매의 일부는 연화문단을 이어 장식하였으며, 진동과 소매 너비가 동일한 일자형의 직배래이다. 발굴 당시 수의로 저고리의 가장 마지막에 착용하였으며, 겹쳐 입은 안쪽의 저고리의 걷고름과 함께 묶여 있었다.

겉길 펼침면

모란무늬

033

장저고리 해남윤씨 배위 순흥안씨 묘, B009492

1551년~1609년

겹 / 공단(직금)
길이 72.5 | 화장 87 | 품 58 | 진동 32 | 수구 32

모란문단의 장저고리(도판 032) 안에 겹쳐 있던 수의용 장저고리이다. 붉은 빛이 일부 남아 있다. 내어달린 목판깃이며, 'ㄱ'자 형의 무와 옆트임이 있다. 안감의 옆선과 깃, 섶은 고운 명주를 사용하였다. 특히 겉감의 공단에서 직금의 흔적이 확인되었으나 전체를 사용한 것인지 길 부분만 사용한 것인지는 정확하지 않다.

겉길 펼침면

뒷면

034

갈색목단문단겹당저고리 청원 傳박장군 묘, 충북1228

1600년대 초

겹 / 연화문단, 주
길이 65 | 화장 78
충북대학교박물관 소장

내어달린 목판깃에 겉감을 연화문단으로 사용한 장저고리이다. 소매를 명주를 사용하여 직금 당저고리의 형식을 보이고 있다. 진동과 소매가 일직선으로 직배래이며, 도련의 가장자리는 상침을 하여 주었다. 상침의 늘어짐으로 보아 솜옷으로 추정된다.

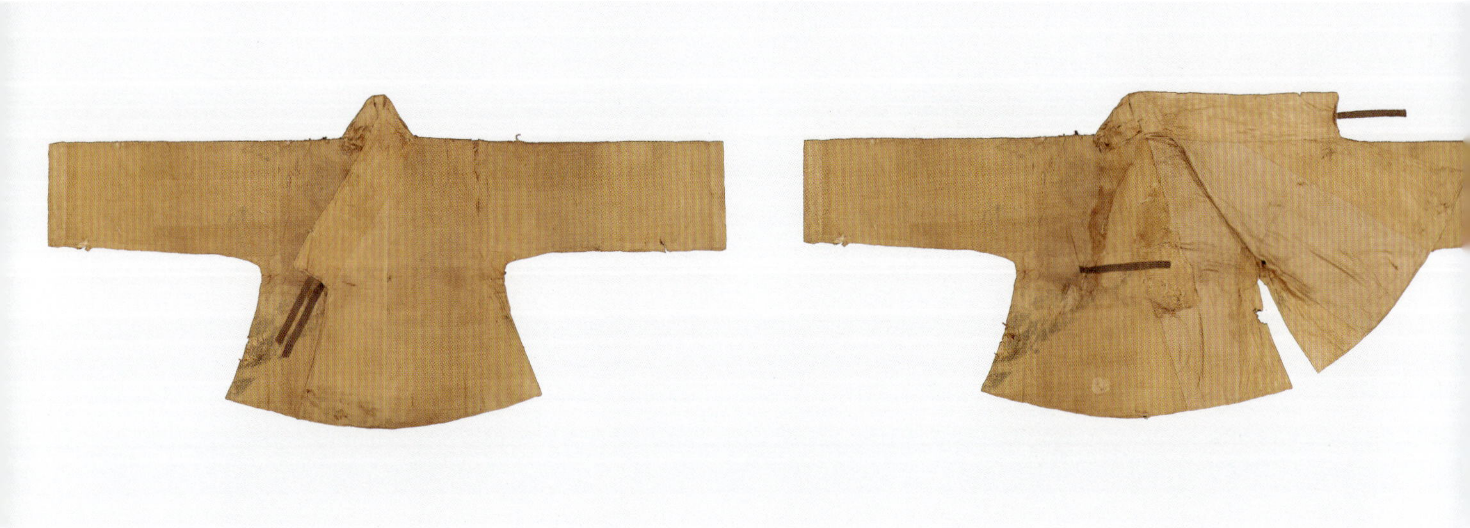

035

저고리

해남윤씨 배위 순흥안씨, B009509
1551년~1609년

겹 / 주
길이 76 | 화장 93 | 품 67 | 진동 29 | 수구 28

036

솜저고리

고여우의 배위 단양우씨 묘, B008363
1560년~1650년

솜 / 명주
길이 82.5 | 화장 96 | 품 74 | 진동 35.5 | 수구 30

037

솜저고리

고여우의 배위 단양우씨 묘, B008351
1560년~1650년

솜 / 명주
길이 82 | 화장 94 | 품 73 | 진동 36 | 수구 30

038

솜저고리

고여우의 배위 단양우씨 묘, B008362
1560년~1650년

솜 / 명주
길이 82 | 화장 95 | 품 73.5 | 진동 36 | 수구 30

03

| 1 7 0 0 년 대 |

1700년대는 당의가 본격적으로 여성 예복의 한 유형으로 자리를 잡는 시기로, 형태와 실루엣에서 뚜렷한 변화가 나타난다. 이 시기의 당의는 단순한 기능적 의복에서 벗어나, 여성의 몸선을 우아하게 드러내는 실루엣을 지니기 시작하며, 옆선이 부드럽고 유려하게 표현되어 한층 더 여성적인 미감을 강조한다. 가장 두드러진 특징은 '목판당코깃'의 정착이다. 이전 시대에는 목판깃과 당코깃이 혼용되어 나타났던 반면, 1700년대에는 목판당코깃이 당의의 대표적인 깃 형태로 확립된다. 이 깃은 형태적으로 안정감을 주며, 착용자의 품격을 높여 주는 요소로 작용한다. 또한, 소매 끝에 '거들지'를 덧댄 구성은 18세기 당의의 중요한 장식적 특징 중 하나이다.

The 1700s marked the period when the dang-ui was firmly established as a formal ceremonial garment for women, with clear changes emerging in both its form and silhouette. Moving beyond its earlier functional role, the dang-ui began to emphasize a graceful silhouette that highlighted the contours of the female body. The side seams were expressed in a softer, more flowing manner, accentuating a more feminine aesthetic. The most notable feature of this period was the standardization of the mokpan-dangko git (a variation of the rectangular collar). While earlier periods had shown a mix of mokpan git and dangko git, the 1700s saw the mokpan-dangko git become the defining collar style of the dang-ui. This collar offered structural stability and served to elevate the wearer's dignity and elegance.

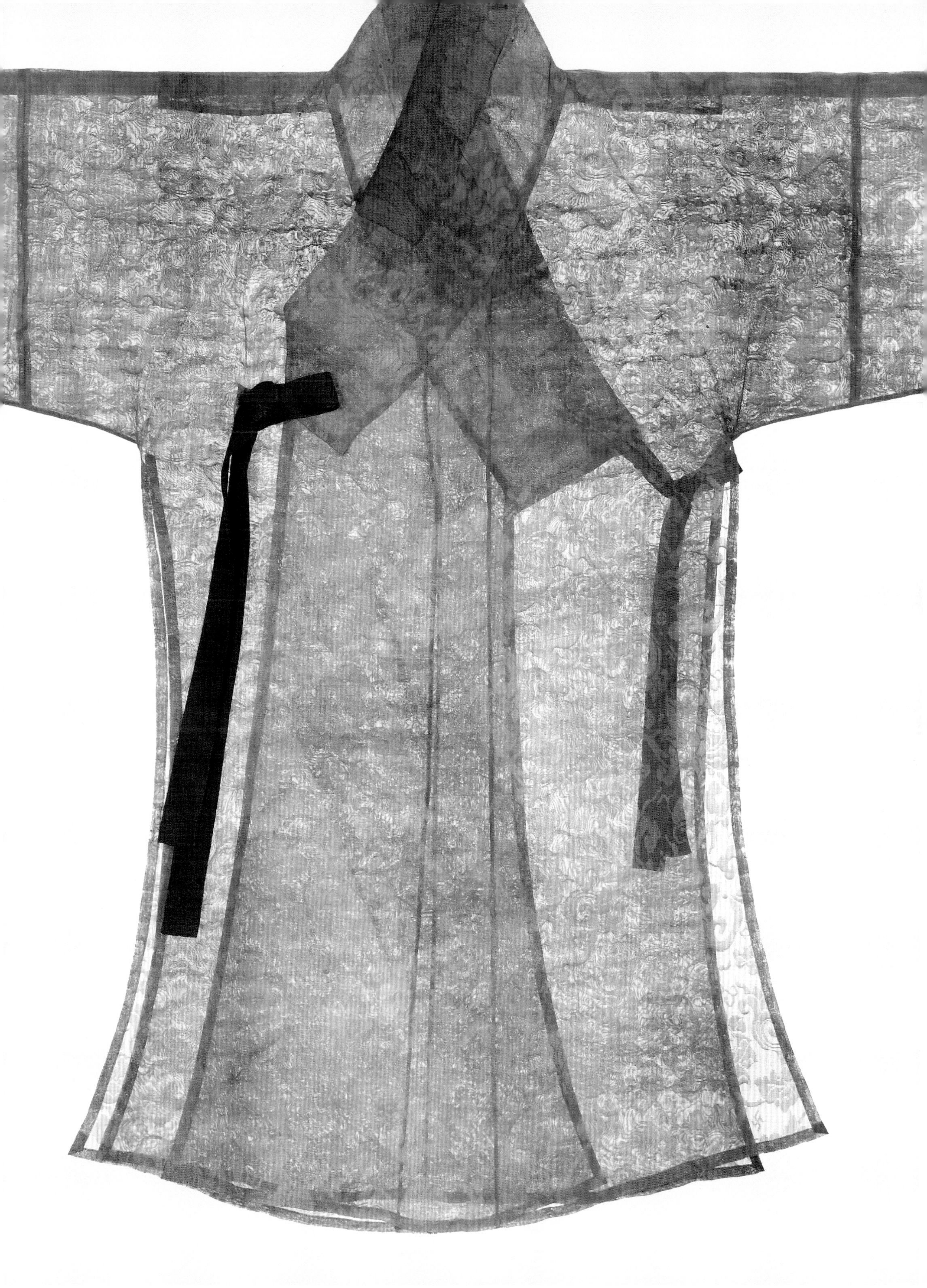

1700년대
해평윤씨 당의

唐衣

Dang-ui, Women's ceremonial long jacket

039

당의 해평윤씨 묘, B009583

1660년~1701년

홑 / 연화문사
길이 75.5 | 화장 72.5 | 품 42 | 진동 24.5 | 수구 18.8

목판당코깃의 홑당의이다. 몸판은 연화문사, 소매 끝동은 봉황문사로 만들었다. 자연스럽게 곡선을 주었으며, 진동 아래부터 바로 트임을 주었다. 특히 도련단의 시접을 두 번 접어 곱게 공그르기 바느질로 마감하였다.

겉길 펼침면

뒷면

길과 고름, 끝동 무늬

040

당의 해평윤씨 묘, B009571

1660년~1701년

겹 / 화문단

길이 74.5 | 화장 76 | 품 44.5 | 진동 26 | 수구 20.5

수의로 원삼 안에 착용했던 겹당의이다. 목판당코깃으로 연화문단 겉감에 변화능직의 안감을 사용하였다. 진동 아래부터 트임을 주었으며, 소매 끝에는 화문능을 사용하여 거들지를 만들어 주었다.

안깃 펼침면

뒷면

041

당의

해평윤씨 묘, B009580
1660년~1701년

겹 / 무문단
길이 79.5 | 화장 73 | 품 46 | 진동 26.5 | 수구 19

거들지 펼친 부분

소렴으로 수습된 겹당의이다. 목판당코깃으로 겉감은 무늬 없는 무문단, 안감은 명주, 고름은 자주색의 화문단을 사용하였다. 소매 끝에 고운 명주를 사용하여 거들지를 부착하였다.

겉길 펼침면

뒷면

042

당의 이혁 배위 안동권씨 묘, 4907

1664년~1722년

국가민속문화유산

겹 / 포도다람쥐문단, 봉황흉배

경기도박물관 소장

목판당코깃에 겉감은 포도와 다람쥐 무늬의 화문단, 안감은 화문주를 사용하여 만들었다. 가슴과 뒷면 중심에 자수 봉황흉배가 부착되어 있으며, 금사를 세 올로 테두리를 둘러 주었다. 고름은 자주색, 소매 끝에는 저주지를 넣은 흰색 견으로 만든 거들지가 달려 있다.

043

당의 김원택 묘역 청송심씨 묘, 충북6627

1683년~1718년

겹, 두벌 / 문단, 봉황흉배
충북대학교박물관 소장

당코깃의 겹당의를 따로 만들어 끼운 두벌당의이다. 원용무늬와 연화무늬가 있는 문단으로 가슴과 등가운데 사각형의 자수봉황흉배가 부착되어 있다. 흉배의 모서리에는 끈을 달아 옷에 부착할 수 있도록 하였다. 겉당의와 안당의는 깃 부분을 제외하고 서로 징궈주었으며, 안당의에서 거들지를 만들어 밖으로 접게 되어 있다.

뒷면

원용연화모란무늬

044

당의 김원택묘역 청송심씨 묘, 충북6624

1683년~1718년

홑, 두벌 / 연화문사
길이 44.5 | 화장 41
충북대학교박물관 소장

어린아이의 두벌당의이다. 목판당코깃이며, 겉당의는 연화문사, 안당의는 은조사로 만들어 두벌을 끼웠다. 거들지는 안당의에서 길게 이어 붙여 겉으로 접었으며, 깃 부분을 제외하고 가장자리는 징궈주었다.

045

당의 김원택묘역 한산이씨 묘, 충북6233

1712년~1772년

겹 / 공단

길이 77.5 | 화장 76 | 진동 27.5 | 수구 24

충북대학교박물관 소장

공단으로 만든 겹당의이다. 목판당코깃이며, 고름은 자주색 문주, 소매와 동정은 명주를 사용하였다. 거들지는 안감에서 연결하여 겉으로 접어 올려주었으며, 겉감은 거들지가 접힌면까지만 재단하여 성글게 징궈주었다.

046

당의와 장옷 김원택묘역 전주이씨 묘

1722년~1792년

겹 / 공단, 명주
(당의) 길이 74 | 화장 80
(장옷) 110.5 | 화장 60.7
충북대학교박물관 소장

전주이씨 묘에서 출토된 이 옷은 장옷 위에 당의가 겹쳐진 채로 수습되었다. 당의는 당코깃으로 거들지까지 모두 공단으로 만든 겹당의이다. 안동대학교박물관소장의 장기정씨(長鬐鄭氏, 1585-1614) 묘에서 장옷과 당의가 겹쳐진 예가 있으나 연대 차이가 있는 것으로 보아 당시에도 '복요(服妖)'의 풍속이 남아 있던 것을 볼 수 있는 유물이다.

뒷면

047

화순옹주 금박당의 2661-2

1720년~1758년

홑, 두벌 / 도류불수문사, 금박
길이 76 | 화장 67 | 품 38 | 진동 18.5

당코깃의 두벌당의이다. 겉당의는 녹색의 도류불수문사이며, 어깨선과 길의 아랫부분에 도류수복문의 금박을 부금하였다. 안당의는 홍색의 도류불수문사로 만들었으며, 시접을 마주보지 않고, 한방향으로 하였다. 안당의에서 거들지를 부착하여 밖에서 접어지게 하였으며, 두 벌 당의를 끼워 가장자리를 징귀주었다.

겉길 펼침면

뒷면

048

금박당의 2661-1

1720년~1758년

겹, 두벌 / 모란연화문단, 금박
길이 67 | 화장 67 | 품 36 | 진동 17
고려대학교박물관 소장

당코깃의 겹으로 만든 두벌당의이다. 겉당의는 겉감이 녹색 모란연화문단, 안감은 홍색 다듬이 명주를 사용하였으며, '수복'자 금박이 부금되어 있다. 안당의는 홍색공단과 홍색 다듬이 명주로 만들어 두 벌을 끼워 깃 부분을 제외한 도련을 징귀주었다. 거들지는 안당의에서 길게 만들어 겉에서 접히지도록 되어 있다.

겉길 펼침면

뒷면

04

| 1800년대 |

1800년대부터는 출토복식보다는 전세유물로 당의가 남아 있기 때문에 색상을 확실히 확인해 볼 수 있다는 점이 가장 큰 특징이다. 대부분 녹색계열의 겉감과 홍색계열의 안감을 사용하였지만 그 안에서도 다양한 색감이 나타난다. 또한 연꽃무늬가 주를 이루던 이전 당의보다 도류불수, 나비, 국화, 크기가 다양한 꽃무늬들과 숙고사, 생고사, 항라, 양단 등 더욱 다양한 직물과 무늬가 사용되고 있다. 1800년대부터의 당의는 큰 변화들이 이루어지는데 먼저 실루엣이다. 1700년대 후반부터 품과 진동, 소매가 좁아지면서 옆선과 도련이 곡선화되는 변화를 보이는데, 1800년대는 더욱 곡선이 깊어지며 옆선의 코가 날렵해진 실루엣으로 정착된다. 또한 안섶의 주름들이 생기면서 안쪽에서 쳐지는 것을 방지해 주고 있다. 소매 끝의 거들지는 별도의 한지심 위에 주로 다양한 무늬의 사직물 등을 사용하여 몸판의 수구 끝에 끼워 연결하는 방식으로 변화되었으며, 또한 거들지의 폭도 좁아진다.

From the 1800s onward, surviving examples of the dang-ui have been preserved more often as heirloom garments than as excavated clothing, making it possible to more clearly identify the colors used. Most commonly, the outer fabric consists of shades of green, while the lining consists of shades of red, though a wide range of tonal variations appears within this standard combination. Additionally, a diverse range of fabrics and patterns were used during this period.

From the 1800s onward, significant changes in silhouette also define the dang-ui. From the late 1700s, the body width, armhole length, and sleeve width gradually became narrower, resulting in a more curved side seam and hemline. By the 1800s, these curves became more pronounced, establishing a sleek, sharp silhouette along the side seams. Additionally, inner pleats were introduced to the anseop (a secondary interior placket) to help prevent the garment from sagging inward.

청연 군주 당의

049

청연군주 당의 B000542

1754년~1821년

겹 / 소화문단

길이 52 | 화장 49.5 | 품 26 | 진동 13.5 | 수구 10.5

목판당코깃의 겹당의이다. 겉감은 작은 꽃무늬가 시문된 화문단이고, 소매 끝의 일부를 과실과 나비무늬의 문단으로 연결하였으며, 안감은 고운 명주로 만들었다. 소매 끝에는 거들지를 달아 접을 수 있도록 하였다.

겉길 펼침면

뒷면

소매 거들지와 옆선 라인

050

청연군주 두벌당의 B000543, B000544

1754년~1821년

겹 / 도류문단, 직금 / 운문단
길이 59 | 화장 53 | 품 28 | 진동 14 | 수구 11

목판당코깃의 겹으로 만든 두벌당의이다. 겉의 당의는 몸판의 중심부와 도련단 일부가 수복도류문단을 사용하였고, 소매와 아랫단에는 직금으로 제직한 것으로 추정된다. 속의 당의는 운문단으로 만들었으며, 소매의 거들지는 속 당의에서 겉으로 넘어와 접어 주었다. 진동과 소매가 좁으며 화장의 길이가 긴편이다.

051

고종황제의 국장 화첩 내 덕혜옹주 고궁536

국립고궁박물관 소장

겉길 펼침면(전체)

겉길 펼침면(운문단 안당의)

뒷면

052

영친왕비 당의(부분) 궁중48

길이 78 | 화장 69.8 | 품 59 | 진동 22.5 | 수구 16
국립고궁박물관 소장

연두 바탕에 백색의 견사로 일곱 가지 형태의 꽃과 영지, 무화과, 석류, 불수감, 구름, "수"와 "복" 을 시문하였고, 양 어깨와 앞, 뒷길 하단 부분에 운봉문이 편금사로 직금되어 있다.

053

청연군주 애기당의 D-55

1754년~1821년

겹 / 공단, 수복문금박
길이 55.5 | 화장 46 | 품 31 | 진동 13
고려대학교박물관 소장

청연군주의 출토유물 중 하나로 어린이가 착용하는 작은 당의이다. 겉감은 봉황보문단이며, '수복'자 금박이 부금되어 있다. 동정과 고름은 소실되어 있으며, 목판당코깃으로 진동과 소매의 너비가 매우 좁게 만들어졌다.

054

덕혜옹주 초상사진 고궁367

국립고궁박물관 소장

055

덕혜옹주 수복금박 녹당의 고궁2583

길이 40.4 | 화장 34.5

국립고궁박물관 소장

덕온공주 당의

056

덕온공주 자적당의 B000082

1836년
국가민속문화유산

겹 / 수복자직금도류불수단
길이 73 | 화장 68 | 품 37.5 | 진동 17 | 수구 11

덕온공주가 1837년 혼례하던 해 첫 동지 명절에 입었던 당의이다. 겉감은 자적색의 도류불수단으로, 전체에 '수복'자를 편금사로 직조하였고 안감은 홍색의 명주를 다듬이하여 만들었다. 안섶의 상부에 주름을 잡아 주었으며, 거들지와 동정은 종이 심지를 덧댄 공단으로 만들어 부착하였다.

당코깃 부분

겉섶 라인 부분

겨드랑이 부분

겉길 펼침면

뒷면

057

덕온공주 당의 B000083

1837년
국가민속문화유산

홑 / 수복문금박도류문사
길이 74 | 화장 67 | 품 35 | 진동 15.5 | 수구 11

덕온공주가 입었던 하절기용 홑당의이다. 이 당의는 연녹색의 도류사로 만들었으며 옷 전체에 '수복'자 무늬 금박이 찍혀 있다. 깃은 끝이 다소 각진 당코깃이며 동정과 거들지는 명주를 다듬이 하여 사용하였다.

겉길 펼침면

뒷면

058

윤비와 영친왕과 이방자 여사와 덕혜옹주의 모습 건판29124

국립중앙박물관 소장

059
덕온가 후손 당의
1800년대 초반

홑 / 문사, 수복문금박
길이 72 | 화장 65 | 품 36 | 진동 15 | 수구 11
김가영 소장

060
덕온가 후손 당의
1800년대 초반

홑 / 문사
길이 61 | 화장 56 | 품 31 | 진동 14 | 수구 10
김가영 소장

덕온가 후손이 소장하고 있는 홑당의로 자적색 당의에는 '수복'자 금박이 장식되어 있다. 두 벌 당의 모두 소매통이 좁고 길며, 옆선이 거의 일직선으로 내려와 도련의 모서리 부분에서 곡이 만들어지는 특징을 보이고 있다.

061

항아당의 B001393

1837년

겹 / 명주

길이 75 | 화장 67 | 품 46 | 진동 27.5 | 수구 19

덕온공주가 1837년 윤의선에게 혼인하던 날 항아(姮娥: 궁중 나인)가 입었던 예복이다. 겉감은 짙은 아청색, 안감은 홍색의 다듬이된 명주로 만든 겹당의이다. 소매의 거들지는 한지를 그대로 사용하였다. 항아당의는 덕온공주의 당의보다 실루엣이 다른 특징을 보이고 있다.

062

가례반차도권(8) 순정효황후 가례, 창덕6618

국립고궁박물관 소장

1906년

겉길 펼침면

뒷면

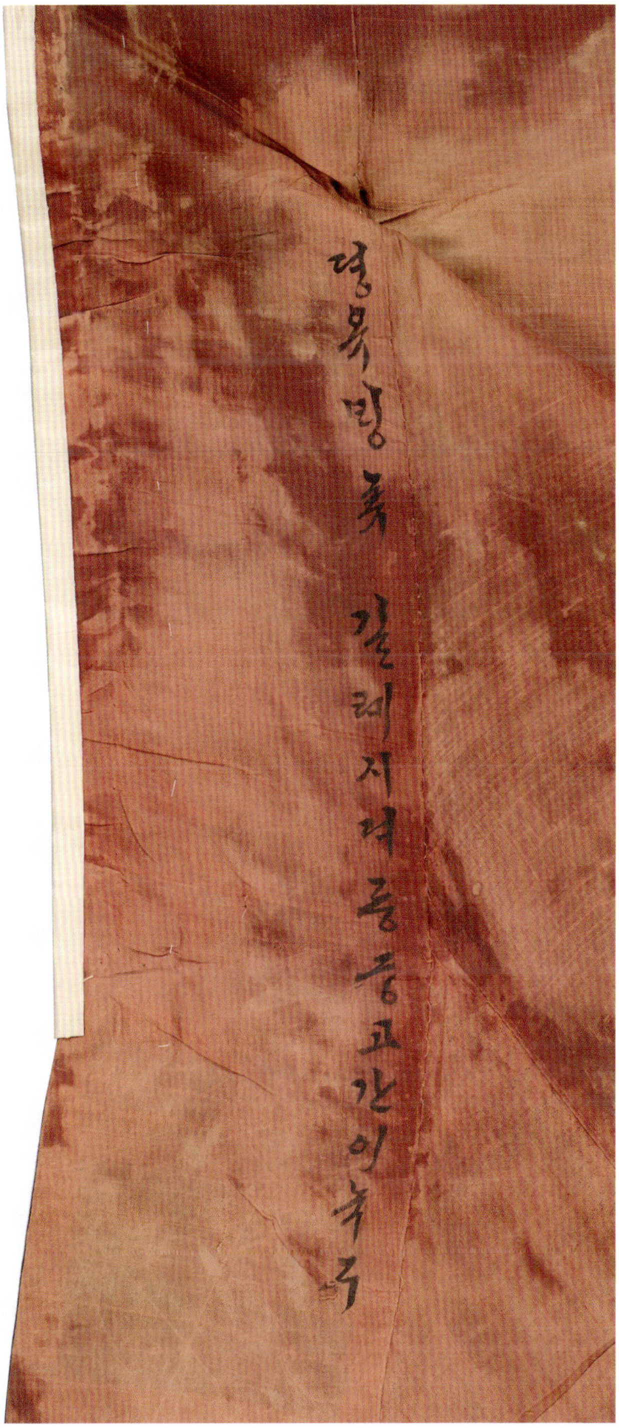

정유년(1837년) 덕온공주의 궁호인 '저동궁'의 묵서가 안깃 안쪽에 적혀 있어 덕온공주의 가례 때 사용된 것임이 알려졌다.

063

당저고리 조원영 배위 청주한씨 묘, 미등록

1779년~1839년

겹 / 쌍용문주
길이 77.5 | 화장 71 | 품 35 | 진동 23 | 수구 12.5

목판당코깃의 겹당의이다. 원용문이 직조된 문주로 만들었으며, 고름은 소실되었다. 진동과 수구까지 배래선을 자연스럽게 곡선으로 굴려주었으며, 품보다 도련의 폭이 넓다. 옆선의 곡선이 뾰족하게 올라와 있다. 소매의 거들지는 시접을 징궈주었다.

펼침면

뒷면

원용문 황색영초단으로 만든 배자의 뒷면

고종배자 B000882

길이 61 | 화장 56 | 품 31 | 진동 14 | 수구 10

뒷중심 원용무늬 부분

뒷중심선에 원용문이 원형이 되도록 맞춰 재단하였으며, 1900년대 이후의 배자에서 유사한 배치 구성을 확인해 볼 수 있다.

064

당의 B003393

1863년

홑 / 옥양목

길이 80 | 화장 65 | 품 42 | 진동 23 | 수구 15

조선 25대 임금인 철종의 국상 때 왕실 여인이 입었던 당의이다. 옥색(玉色) 옥양목으로 만든 홑당의로 깃·길·고름이 모두 옥색으로 되어 있다. 안섶에 깃이 달리는 부분에 주름을 잡아 안자락이 처지는 것을 방지하였으며, 옥색으로 된 고름이 당코깃 부분에 솔기를 위로하여 달려 있다.

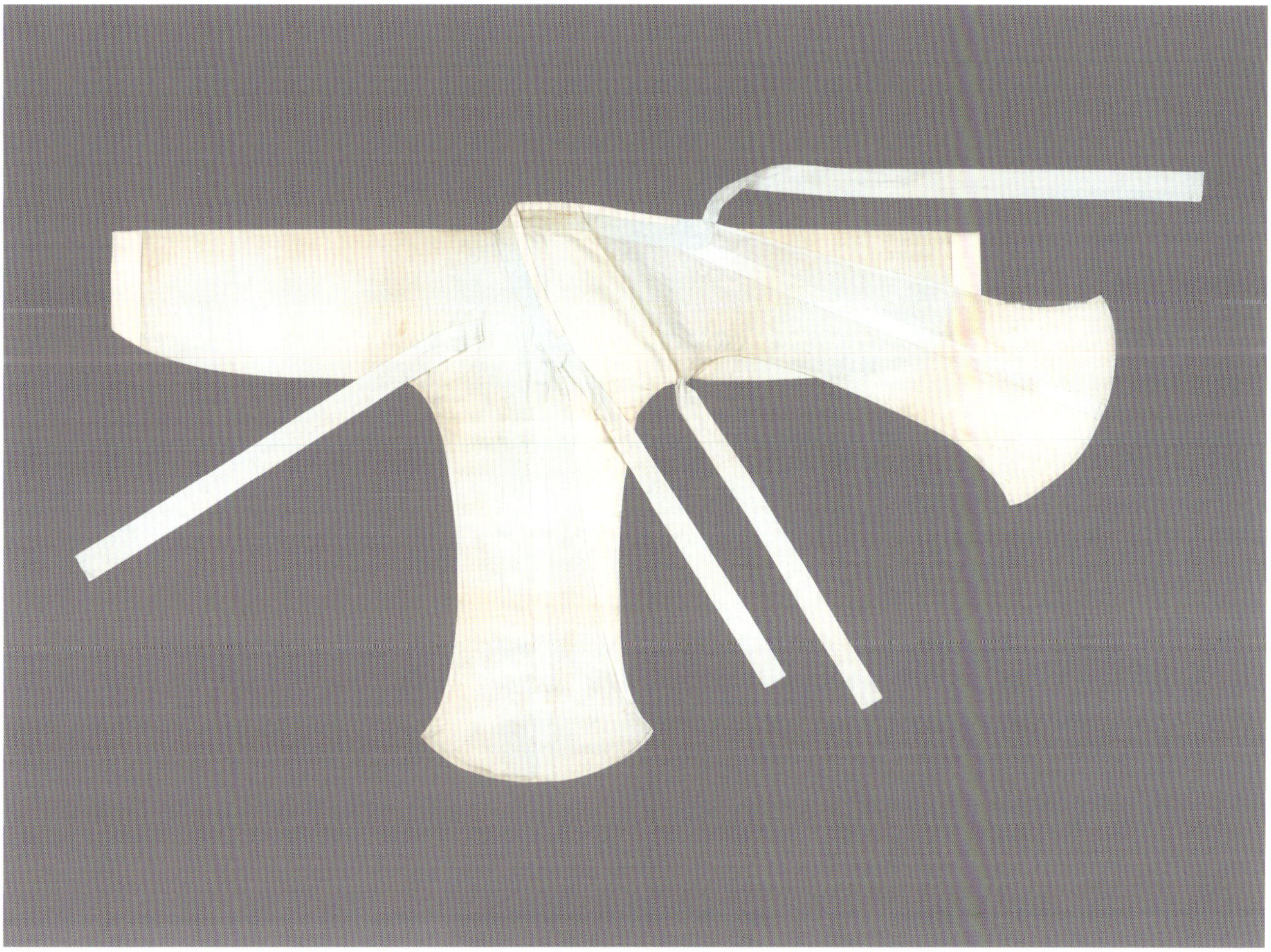

겉길 펼침면과 뒷면

065

당의 B001510

1880년대

홑 / 오족항라

길이 78 | 화장 71 | 품 43 | 진동 21.5 | 수구 15

당코동그래깃의 연녹색의 오족항라로 만든 홑당의이다. 고름은 자주색 항라를 사용하였다. 거들지와 동정은 종이심을 사용하여 부착하였다. 홑당의의 도련은 시접을 3~5겹 정도로 접어 형태가 유지될 수 있도록 두툼하게 바느질하였다.

겉길 펼침면

뒷면

己丑進饌圖 부분(덕수1665), 1829년, 국립중앙박물관 소장

066

당의 B003683

1880년대

겹 / 삼족항라
길이 81 | 화장 70.5 | 품 36 | 진동 27 | 수구 17.5

겉감은 연두빛의 삼족항라, 안감을 붉은색 명주로 사용하여 겉으로 붉은색이 많이 스며 나오는 겹당의이다. 겨드랑이 옆선의 곡선을 잡기 위해 시접분에 주름을 곱게 잡아 바느질을 해주었고, 특히 안섶 상부에 주름을 잡지 않았다.

겉길 펼침면

뒷면

067

당의 B003678

1880년대

겹 / 화접문항라
길이 79 | 화장 71 | 품 36 | 진동 25 | 수구 15.5

당코동그래깃의 겹당의이다. 겉감은 항라 바탕에 나비와 국화무늬를 직조하였고, 안감은 자주빛이 도는 홍색 삼족 항라, 고름은 자주색 진주사이다. 뒷길과 섶의 시접을 넓게 남겨 두었으며, 안섶의 상부에 주름을 잡아 주었다. 소매 끝에는 종이심을 넣은 거들지를 끼워 홈질로 고정하여 주었다.

삼족항라 나비국화무늬와
고름의 직물

겉길 펼침면

뒷면

068

당의 깍은 당한삼, B001246

1860년대

홑 / 은조사
길이 78 | 화장 70 | 품 45 | 진동 22/24 | 수구 14.5

솔기를 깎은 듯이 가늘게 만들어 돌돌 말아 가면서 감쳐 박아 만든 여름 예장용 홑당의이다. 일명 '깍은 당한삼'이라고도 한다. 녹색 은조사로 만들고, 겉고름은 자적사, 안고름은 항라로 되어 있다. 소매 끝에 5㎝ 너비의 은조사로 거들지를 달았다. 도련 끝 양쪽 귀가 저절로 안으로 말려들어가 도련이 전체적으로 둥글고 뭉뚝하게 되어 있다.

겉길 펼침면

뒷면

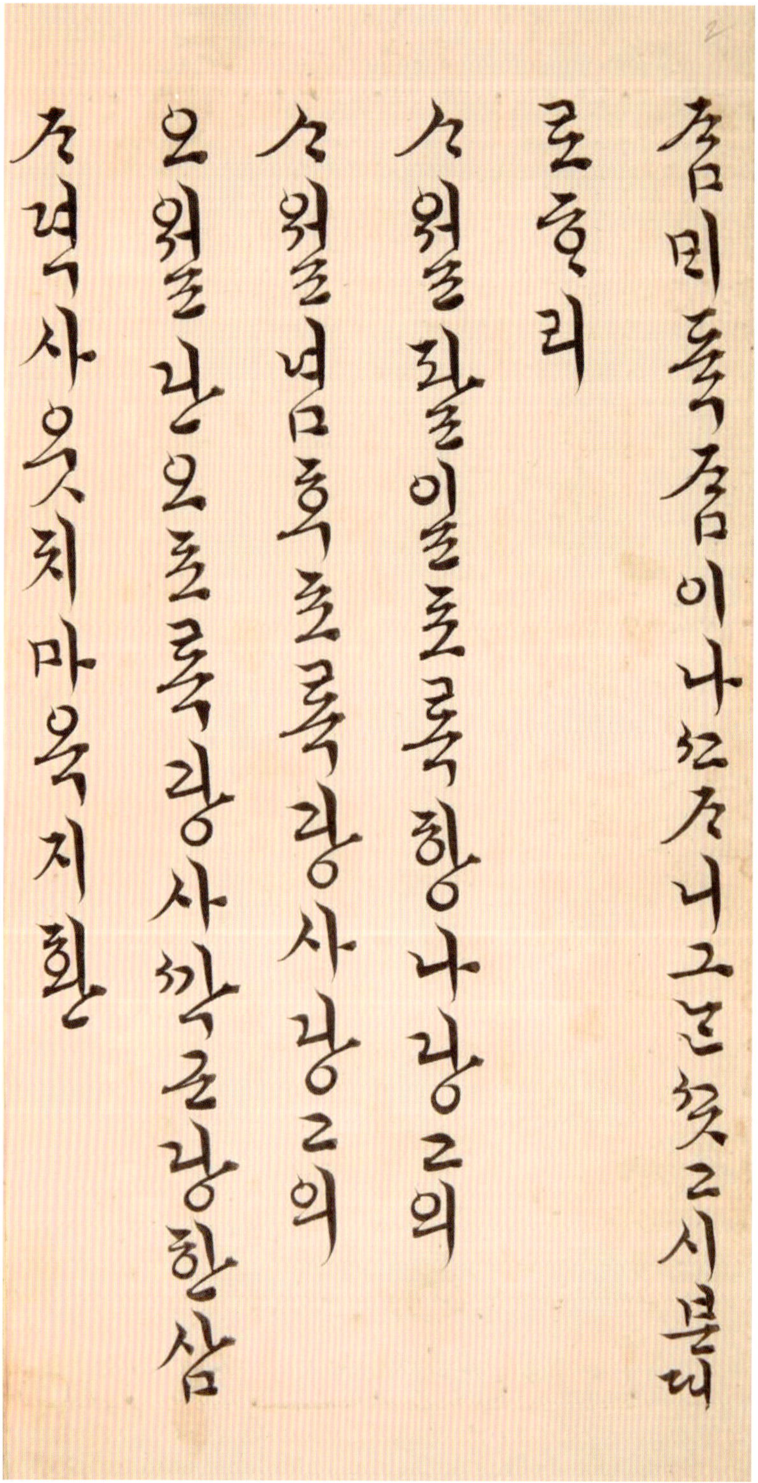

069

사절복색자장요람1(부분) 한구7051

국립한글박물관 소장

070

당의(깍은 당한삼)

1800년~1900년대

홑 / 은조사
길이 89 | 화장 48
숙명여자대학교 박물관 소장

녹색의 은조사로 만든 여름용 홑당의이다. 녹색과 흰색을 사용하여 주로 만들었다. 도련 부분을 말아 감침하여 뾰족한 코가 안으로 둥글게 말려 들어가게 형태를 만드는 것이 특징인 옷이다.

05

| 1900년대 |

1900년대의 당의는 이전의 1800년대의 정착된 실루엣에서 크게 변화되지는 않지만 사선형에서 소매 끝에만 곡이지는 배래 형태에서 1900년대에는 일직선에서 소매쪽으로 곡을 이루는 통수형 곡배래가 함께 보이는 특징이 나타나고 있다. 또한 당코둥그래깃의 형태는 같으나 겉섶에 올려 깃머리 아래를 상침하거나 박음질하던 방식에서 홈질이나 공그르기로 고정하거나 풀을 사용하여 고정하는 방식, 미싱을 사용하는 등의 바느질 방법에 변화가 생기는 것을 확인해 볼 수 있다.

The dang-ui of the 1900s did not undergo significant changes in silhouette compared to the form that had been standardized in the 1800s. However, one notable development was the emergence of the straight-sleeved curved underarm seam, where the curve began from a straight line near the body and extended toward the sleeve as a curve. This contrasted with the earlier diagonal or partial curve limited to the sleeve ends.
While the overall shape of the dangko-dunggure git (rounded angular collar) remained consistent, sewing techniques used to attach the collar underwent notable changes. Previously, the collar was sewn onto the outer front panel with topstitching or backstitching under the collar end. In the 1900s, however, new methods such as overcast stitching, blind stitching, adhesive fixation using starch paste, and the use of sewing machines were introduced, marking a shift in construction practices.

071

당의 B000050

1900년대

홑, 두벌 / 생고사, 수복박쥐문금박
길이 82 | 화장 70.5 | 품 48 | 진동 25.5 | 수구 16

당코동그래깃의 홑당의를 따로 만들어 끼운 두벌당의이다. 겉당의는 녹색, 속당의는 홍색의 숙고사를 사용하였으며, 몸판은 '수복'자와 깃에는 박쥐무늬를 금박으로 찍었다. 깃을 제외한 도련 부분은 징궈주었으며, 솔기는 서로 마주보게 하여 안으로 넣었으나 도련은 밖으로 드러나게 하였다. 특히 도련의 시접을 여러 번 접어 주었다.

겉길 펼침면

동정 시작점부터 트여진 모습

도련선 겉으로 시접 드러낸 모습

072

서울 종로 영친왕 고국 방문 기념사진 건판29136

국립중앙박물관 소장

073

의친왕비 당의

1800년대 말~1900년대 초
국가민속문화유산

겹 /생고사, 수복박쥐문금박
길이 86 | 화장 67 | 품 39
경운박물관 소장

의친왕비(義親王妃, 1880~1964) 연안김씨가 1945년까지 착용하였고, 의친왕의 5녀 이해경이 물려받아서 입었던 당의이다. 겉감은 연두색, 안감은 진분홍색 생고사이며, 어깨와 도련에는 봉황문, 깃에는 박쥐문 금박을 찍었다. 어깨와 가슴 등에는 오조룡보를 부착하였다.

074

덕혜옹주 초상사진 고궁367

국립고궁박물관 소장

075

영친왕비 당의 착용 사진

한국학중앙연구원 디지털인문학연구소(Encyves)

076

당의 B003682

1860년

겹 / 대화문숙사, 수복문 금박
길이 75 | 화장 65 | 품 32 | 진동 21 | 수구 15

겉감은 연한 녹색의 대화문숙사(熟紗)이고, 안감은 풀먹여 도련한 홍색의 명주를 사용하여 만들었다. 당코동그레깃이며, 겉면 전체에 '수복' 문자 금박을 찍어 장식하였다. 안깃 상부에 주름을 곱게 잡아 주었으며, 종이 심을 넣은 생고사로 동정과 거들지를 부착하였다.

겉길 펼침면

뒷면

077

당의 B003392

1900년대

겹 / 도류불수단

길이 79 | 화장 68 | 품 42 | 진동 24 | 수구 15

당코동그래깃의 겹당의로 겉감, 안감, 고름 모두 경사와 위사의 색을 다르게 직조한 이색단이다. 겉감은 연녹색의 도류불수단, 안감은 분홍과 홍색을 사용한 명주, 고름은 호로병과 문자무늬의 양단이다. 안섶 위에 주름을 잘게 잡아 주었으며, 종이심을 넣은 동정과 거들지를 부착하였다. 겨드랑이의 곡선을 잡아주기 위해 시접분에 홈질로 주름을 잘게 잡아 주었다.

겉길 펼침면

뒷면과 고름 부분

078

당의 B003680

1900년대

겹 / 주
길이 84 | 화장 72 | 품 38 | 진동 28 | 수구 17

당코동그래깃의 겹당의이다. 겉감은 다듬이한 녹색, 안감은 홍색의 명주를 사용하였다. 안섶의 상부에 주름잡아 안 도련이 치지지 않도록 해주었고, 소매는 종이배접한 거들지를 소매 끝에 끼워 홈질로 고정하여 주었다.

겉길 펼침면

뒷면

079

당의 B003679

1900년대

겹 / 생고사
길이 80 | 화장 70 | 품 36 | 진동 27.5 | 수구 15.5

당코동그래깃의 겹당의이다. 겉감은 녹색의 생고사이며, 안감은 녹색의 무문사, 고름은 자주색 생고사이다. 안섶의 상부에 주름이 잡혀 있으며, 깃에는 종이심을 넣어 동정을 달아 주었다.

겉길 펼침면과
안섶 주름 부분

뒷면

080

당의 B000029

1900년대

겹 / 녹운학문사

길이 76 | 화장 63 | 품 44 | 진동 21.5 | 수구 14.5

겉깃이 당코깃 형태이며 깃 머리는 둥글게 되어 있는 당코둥그래깃의 홑당의이다. 깃에는 1.5㎝ 너비의 동정이 달렸고, 안에 한지심을 넣어 주었다. 녹색의 구름과 학이 배치된 문사이며, 고름은 자적색 숙고사이다. 소매 끝에는 5㎝ 너비의 생고사 거들지를 달아 주었다.

겉길 펼침면

뒷면

소매 거들지 부분

081

당의 B003681

1900년대

홑 / 사

길이 79 | 화장 70 | 품 36 | 진동 25.5 | 수구 17

당코동그래깃의 홑당의이다. 겉감은 녹색, 고름은 자주색 사직물로 만들었으며, 거들지는 종이배접하여 겉감의 끝에 끼워 주었다. 미싱으로 바느질하였으며, 솔기는 가름솔, 도련은 깨기바느질로 구성하였다.

겉길 펼침면

뒷면

082

맹현가 당의

1932년

겹 / 생고사
길이 80 | 화장 67 | 품 47
경운박물관 소장

맹현가(孟賢家) 유물 중 하나로 1932년도 혼수용 당의이다. 겉감은 연두색 생고사이며, 특이하게도 안감을 황색의 명주를 사용하였다.

083

당의를 입은 여인의 모습 OLD KOREA

엘리자베스 키스

084

민간 당의

1940년

겹 / 관사(官紗)
길이 94 | 화장 68 | 품 40
경운박물관 소장

1940년 12월 혼례 때 착용했던 당의로 겉감은 연두색의 관사(官紗)와 안감은 진분홍색 7족 항라로 만들었다. 이 당의의 형태는 기존의 자락의 품이 좁고 곡선형인 것과는 다르게 자락의 품이 넓은 장저고리형의 실루엣이 특징이다.

085

색동당의

1900년대

겹 / 문사
길이 54 | 화장 44.5
숙명여자대학교 박물관 소장

어린아이가 착용한 당의로 겉감은 국화와 대나무 무늬가 숙고사를 사용하였으며, 길과 섶은 연두색, 소매는 홍색, 노란색, 청색, 홍색, 흰색 끝동 순으로 색동을 넣어 주었다. 가슴에는 붉은색 바탕에 봉황을 금박으로 찍어 사각형의 흉배처럼 장식을 하였으며, 기본 동정이 앞면에만 남아 있는 것으로 보아 등을 덮는 넓은 형태의 동정이 추가로 덧대주었던 것으로 추정해 볼 수 있다. 1900년대 혼례 사진에 화동으로 보이는 어린아이들이 색동당의와 족두리를 착용한 모습을 확인해 볼 수 있다.

혼례 사진(입체사진) 구9874

국립중앙박물관 소장

앞면

뒷면

086

표주박 수자무늬 당의

1800년대 말~1900년대 전반

겹 / 문사
길이 48.8 | 화장 38.3 | 품 25.8 | 진동 14.2 | 수구 12.4
서울공예박물관 소장

어린아이가 착용한 당의이다. 겉감은 표주박과 수(壽)자 무늬가 있는 연두색 숙고사와, 안감은 용무늬가 있는 붉은색 갑사로 만들었다. 겉고름은 붉은색, 안고름은 주황색이며, 가슴에는 '동(東)', '궁(宮)', '천(千)', '세(歲)'의 문자가 금박된 사각형의 흉배처럼 부착되어 있다. 기본 동정 위에 활옷과 같이 등을 덮는 넓은 형태의 동정을 추가로 덧대어 주었다.

087

겹당의 1029

1900년대

홑 / 숙고사
길이 51.5 | 화장 63.5 | 품 37 | 진동 14.5
고려대학교박물관 소장

뒷면

자락이 짧은 당의이다. 평균 70~80㎝의 뒷길이에서 이 유물은 51.5㎝의 길이로 구성되었으며, 겉감은 연두빛의 숙고사를 안감은 인견, 고름은 홍색 숙고사를 사용하였다. 특히 동정을 깃보다 두껍게 재단하였으며, 뒷면은 등을 덮는 형태로 활옷의 동정과 같이 부착한 특징이 나타나는 옷이다.

088

활옷(부분) B000366

1900년대

뒷면 동정 부분

앞깃 부분

실측도

1. 도판 1(B003908)

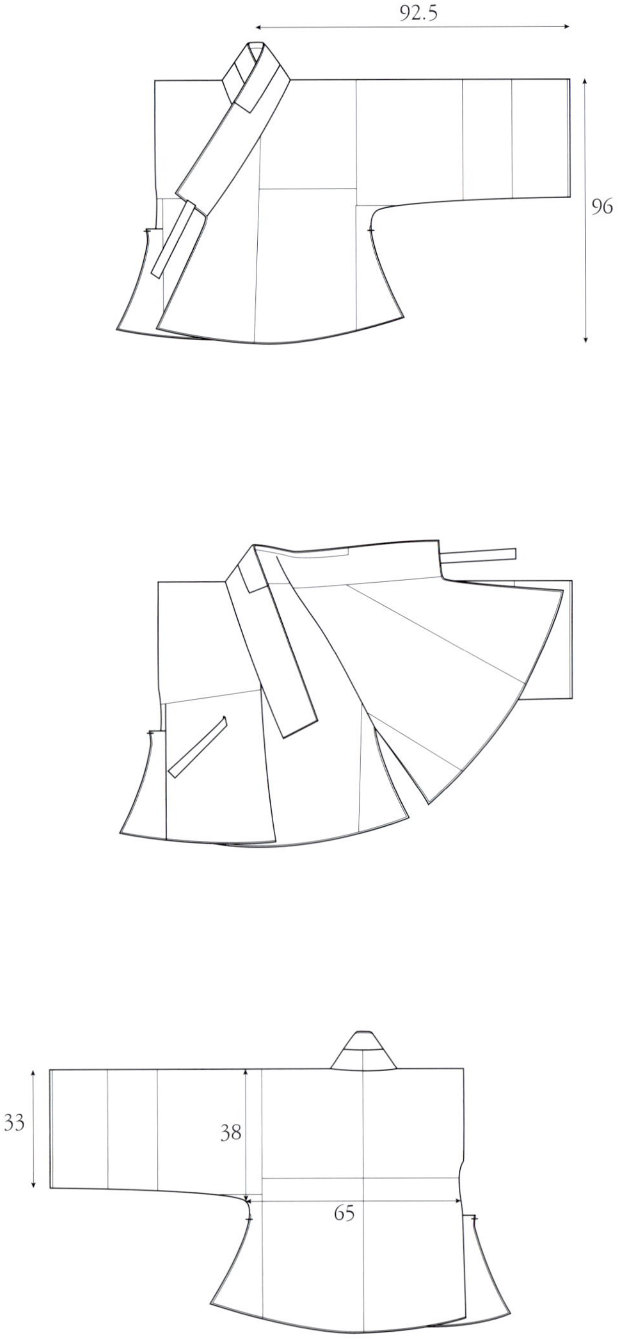

2. 도판 2(B007324)

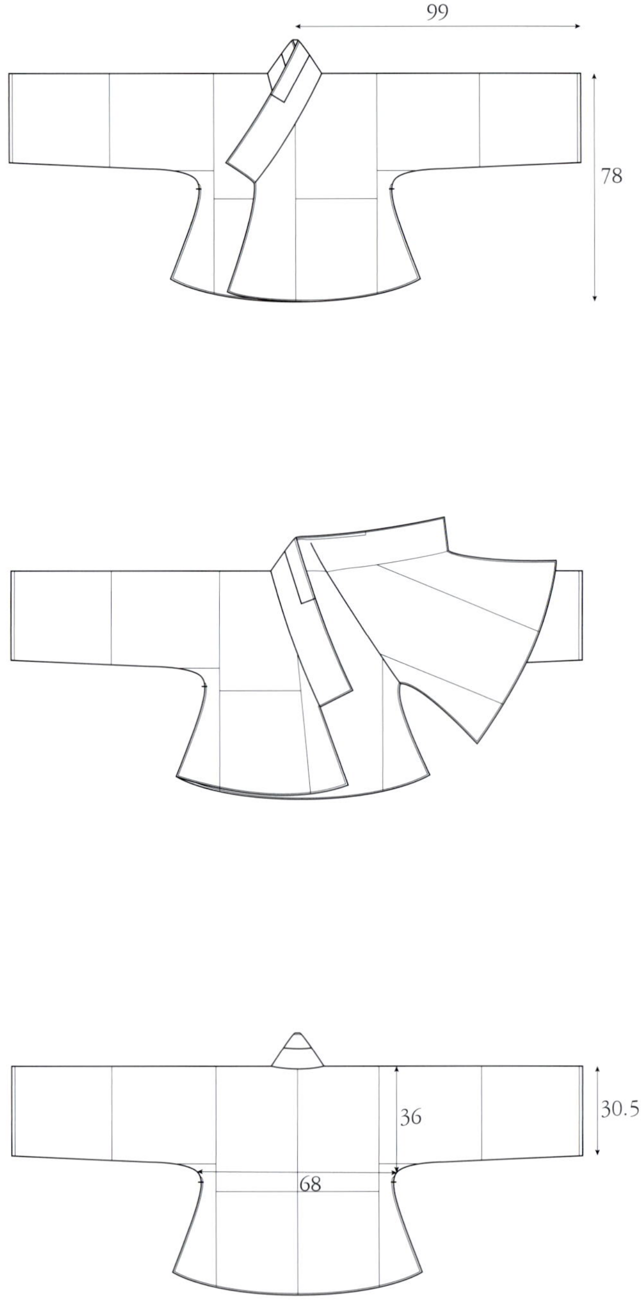

3. 도판 3(B007355)

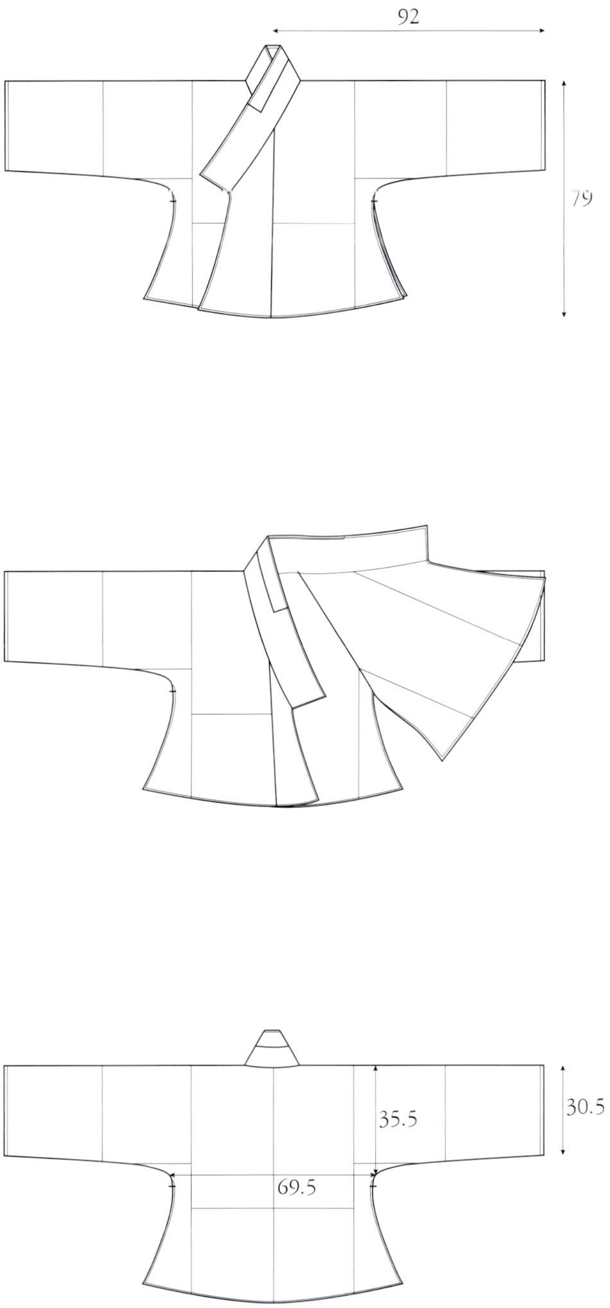

4. 도판 6(B009305)

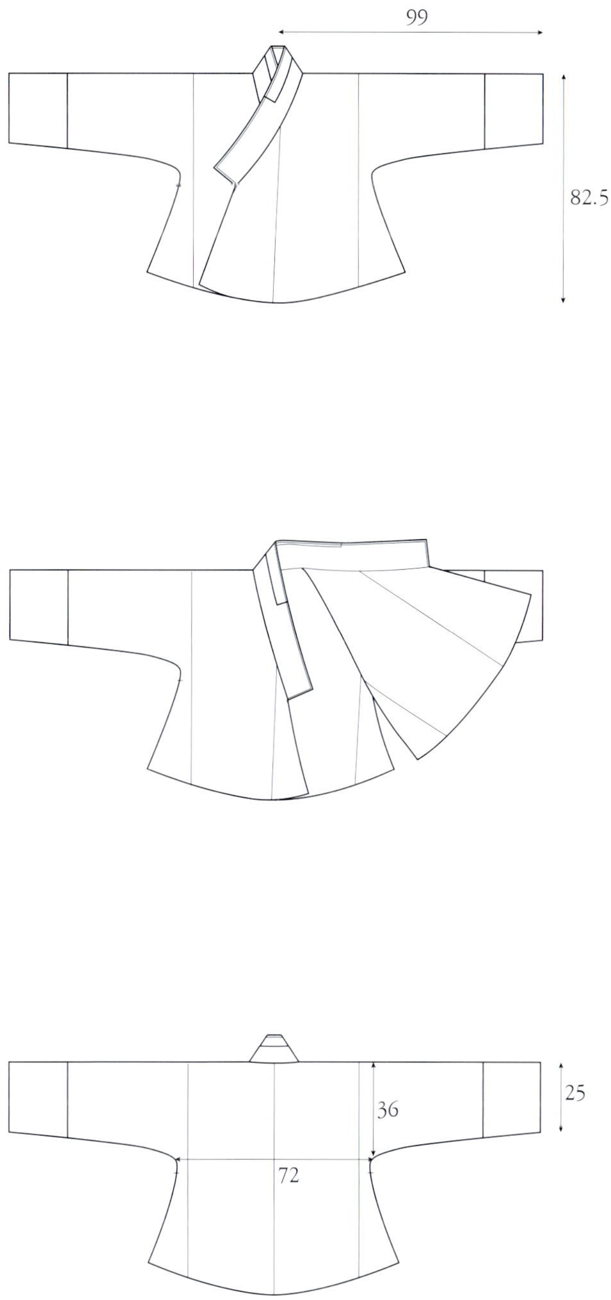

5. 도판 7(B009306)

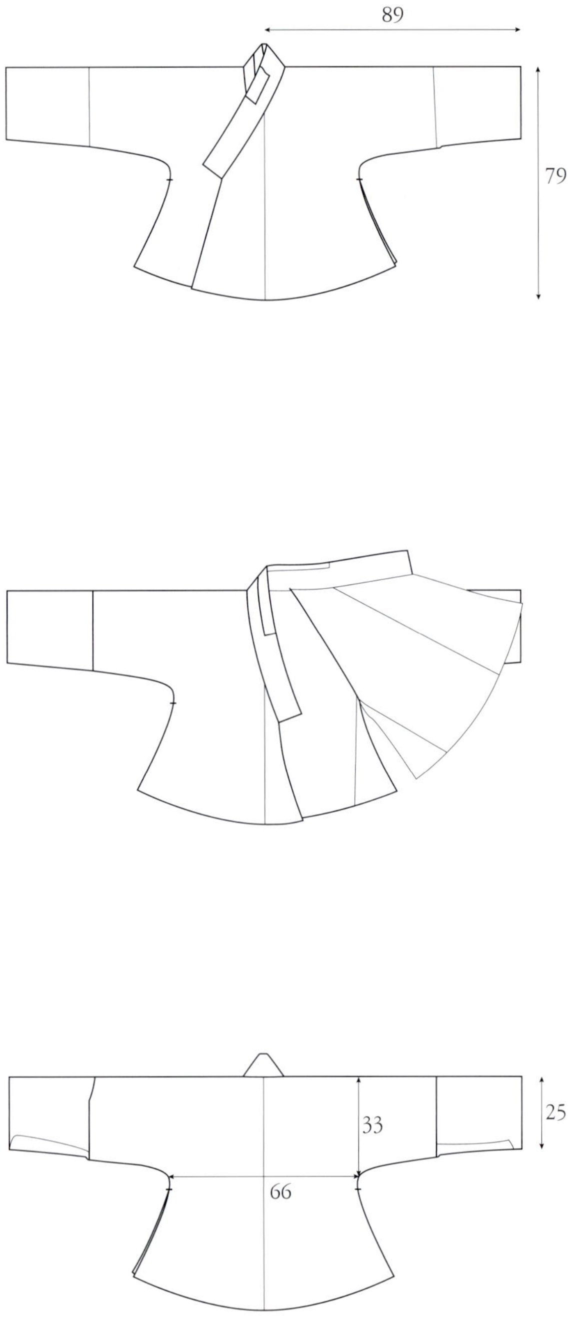

6. 도판 8(B010499)

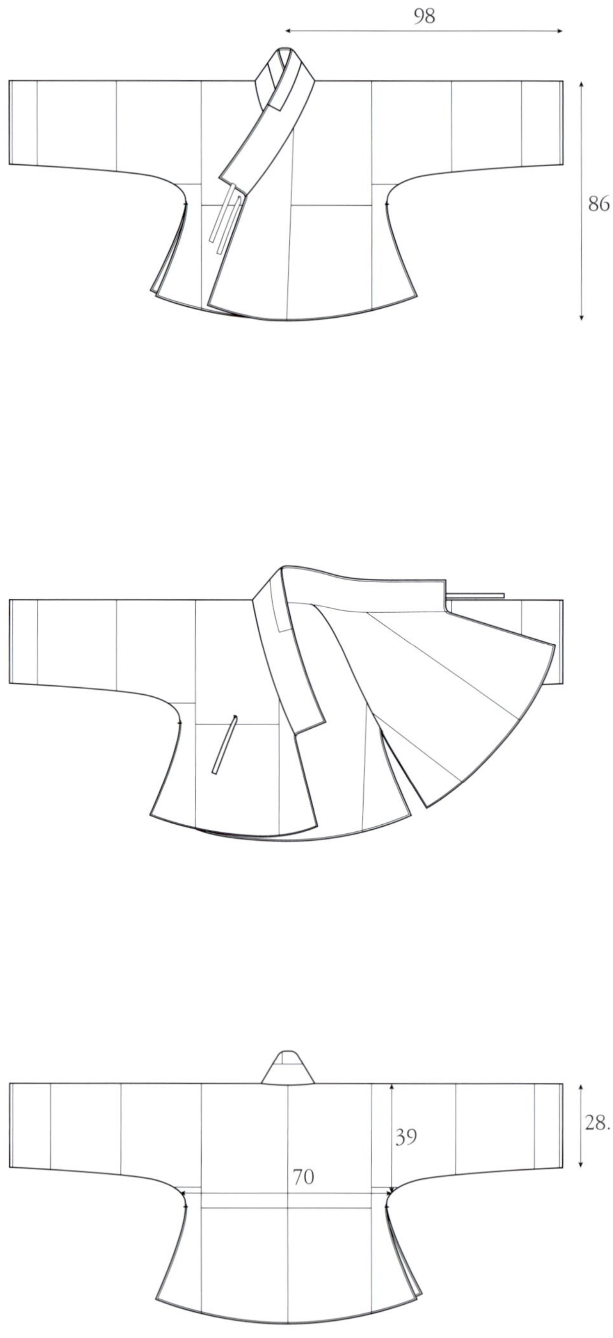

7. 도판 9(B010500)

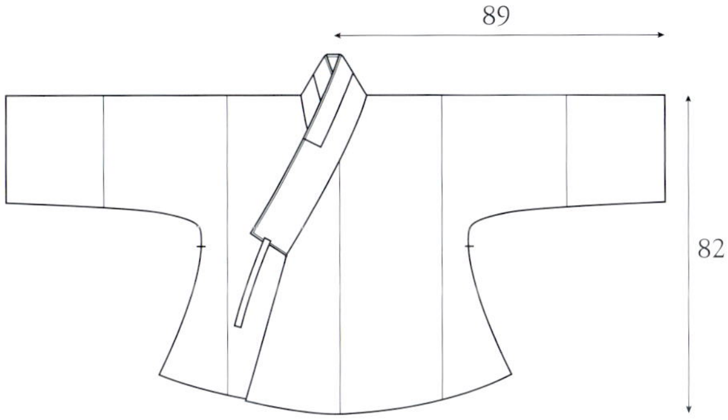

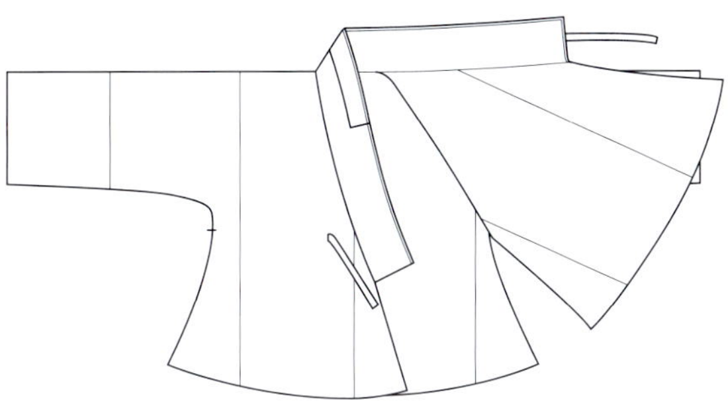

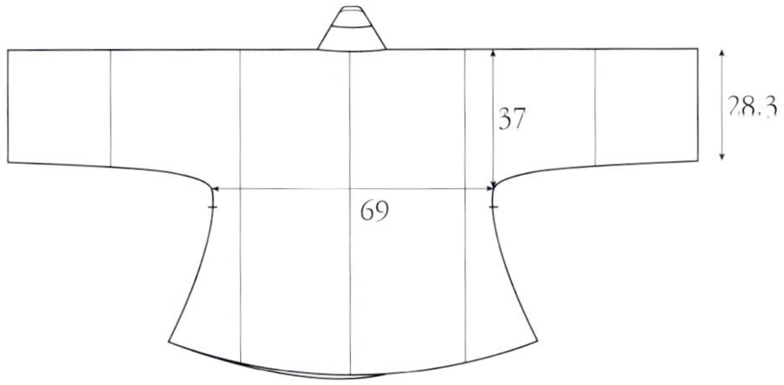

8. 도판 11(B007323)

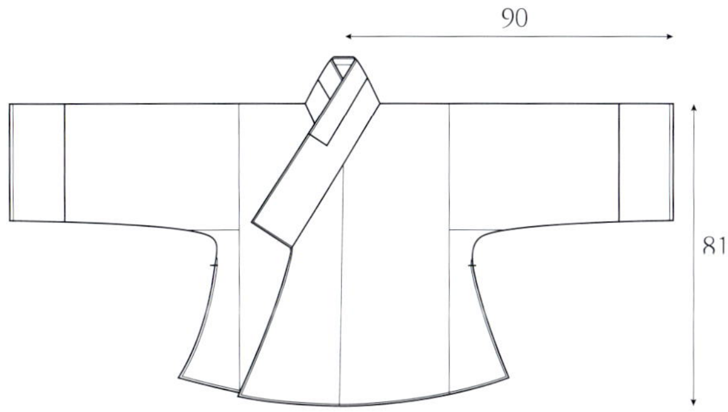

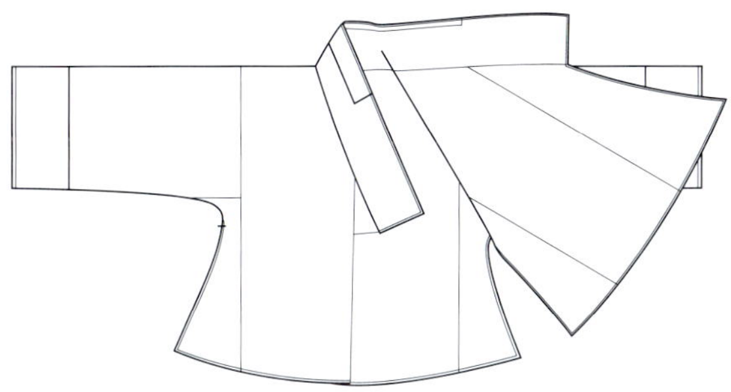

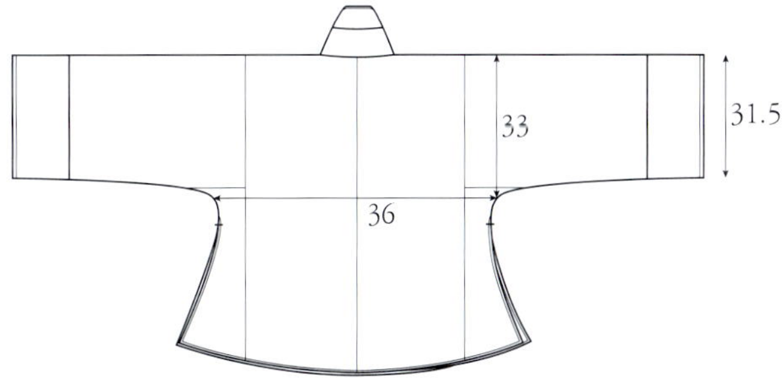

9. 도판 12(B009304)

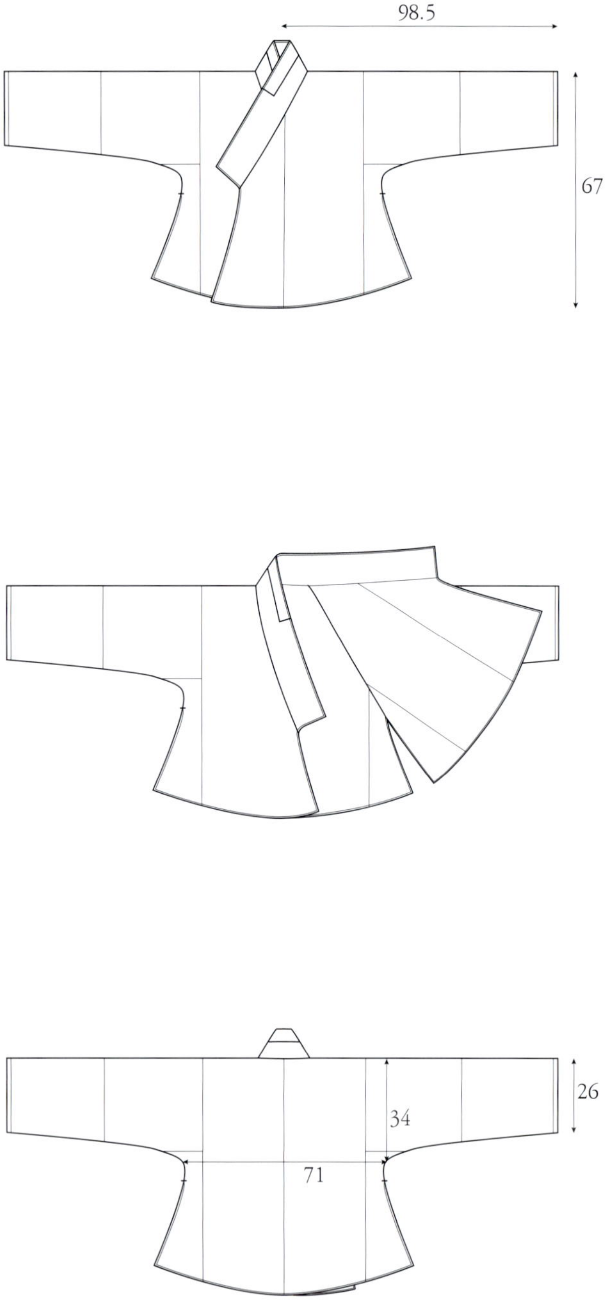

10. 도판 13(B009307)

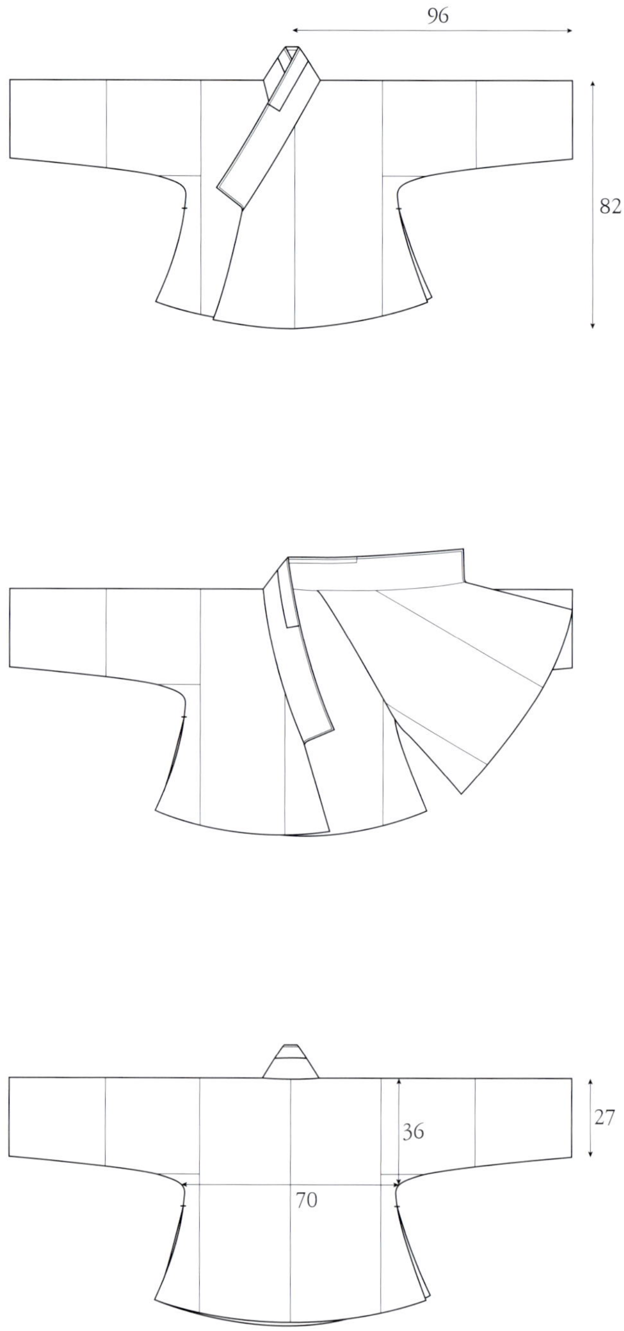

11. 도판 15(B008737)

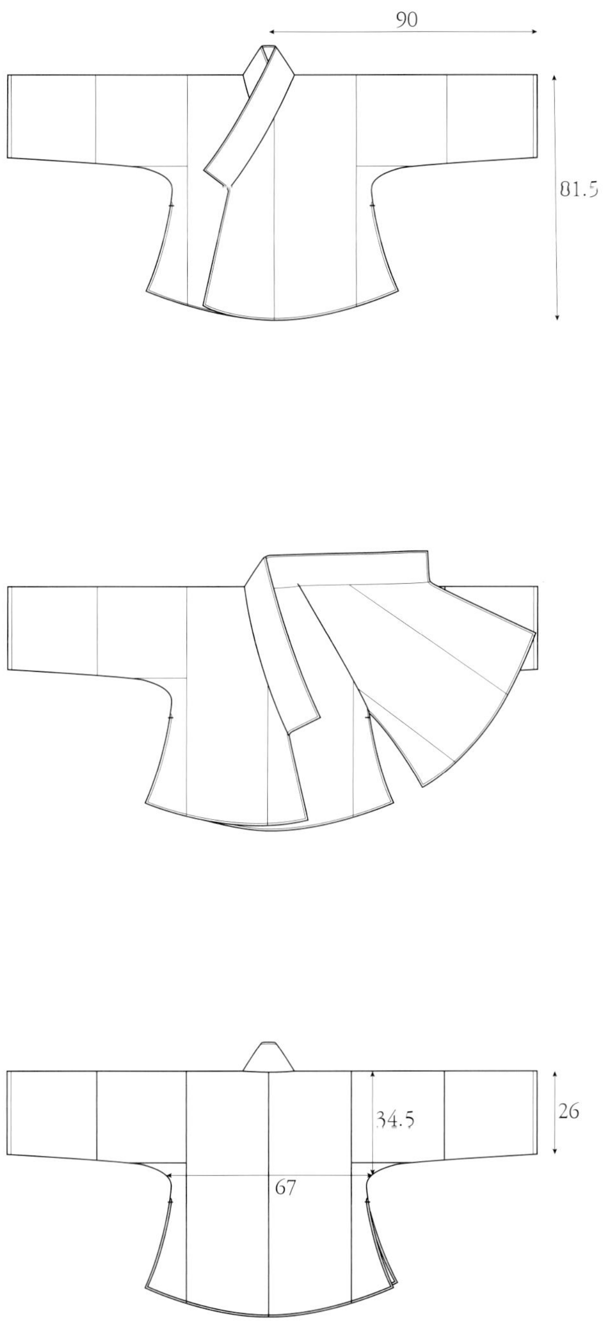

12. 도판 16(B008736)

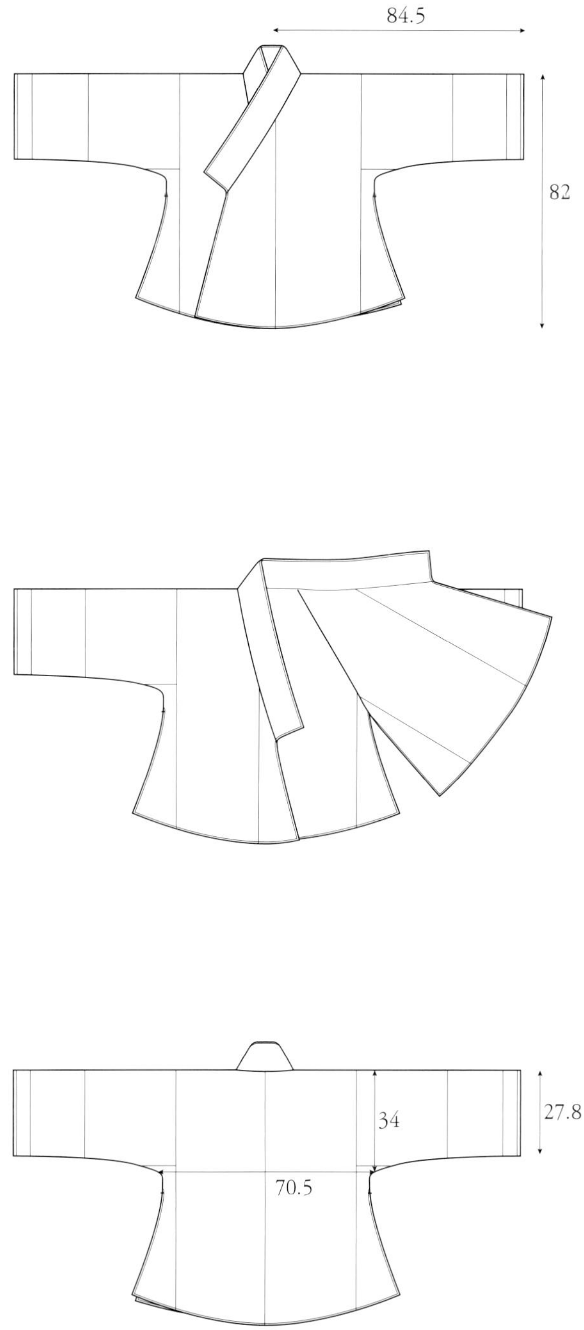

13. 도판 17(B011491)

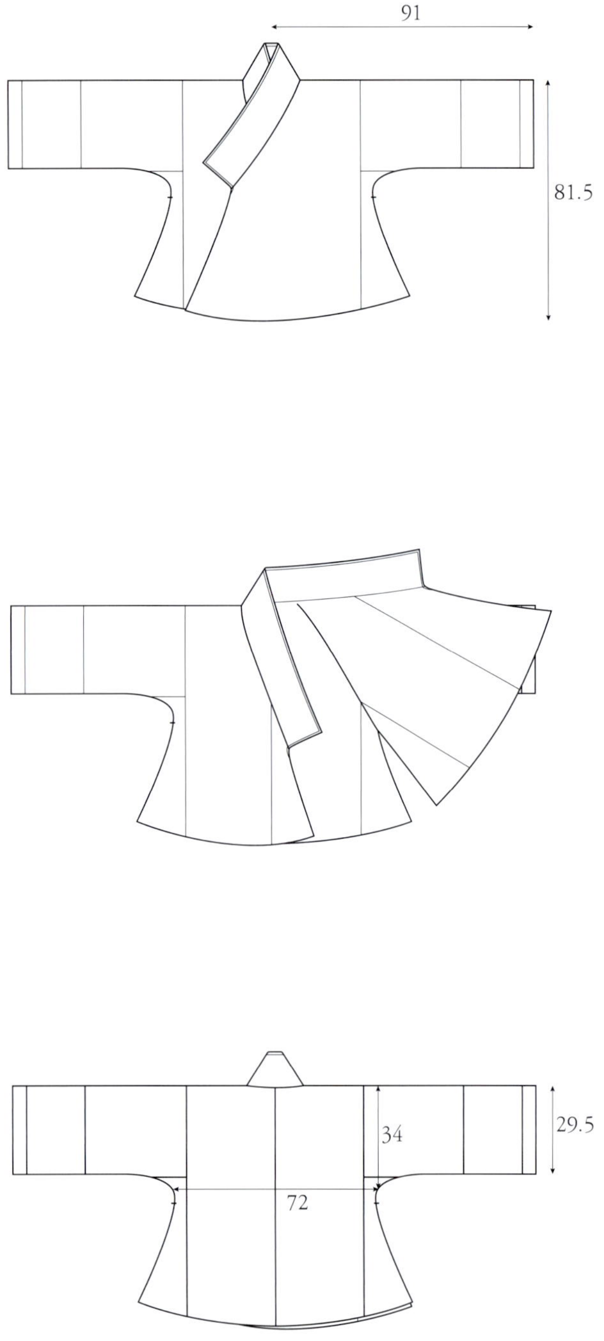

14. 도판 22(B007325)

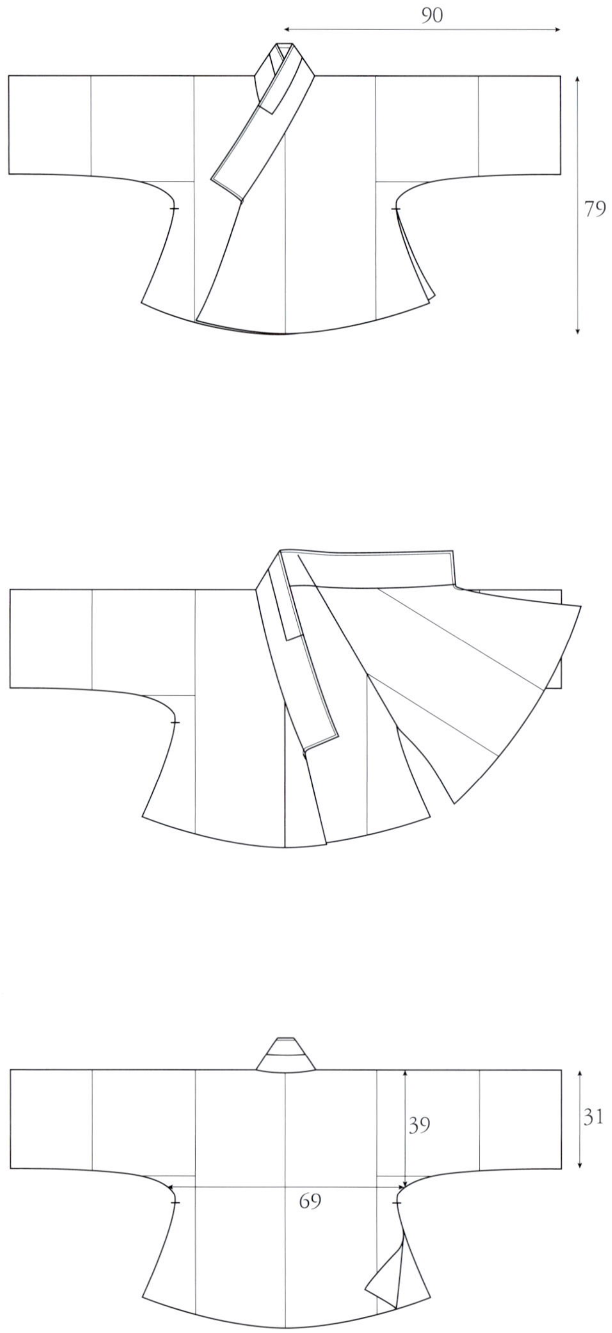

15. 도판 23(B007368)

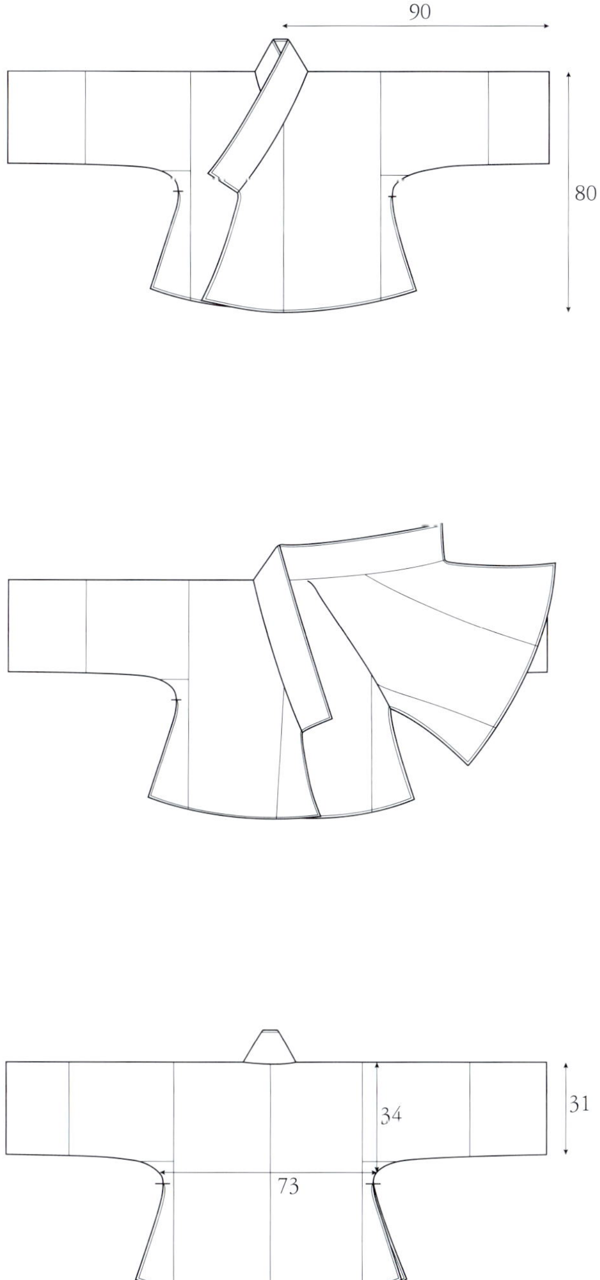

16. 도판 24(B009311)

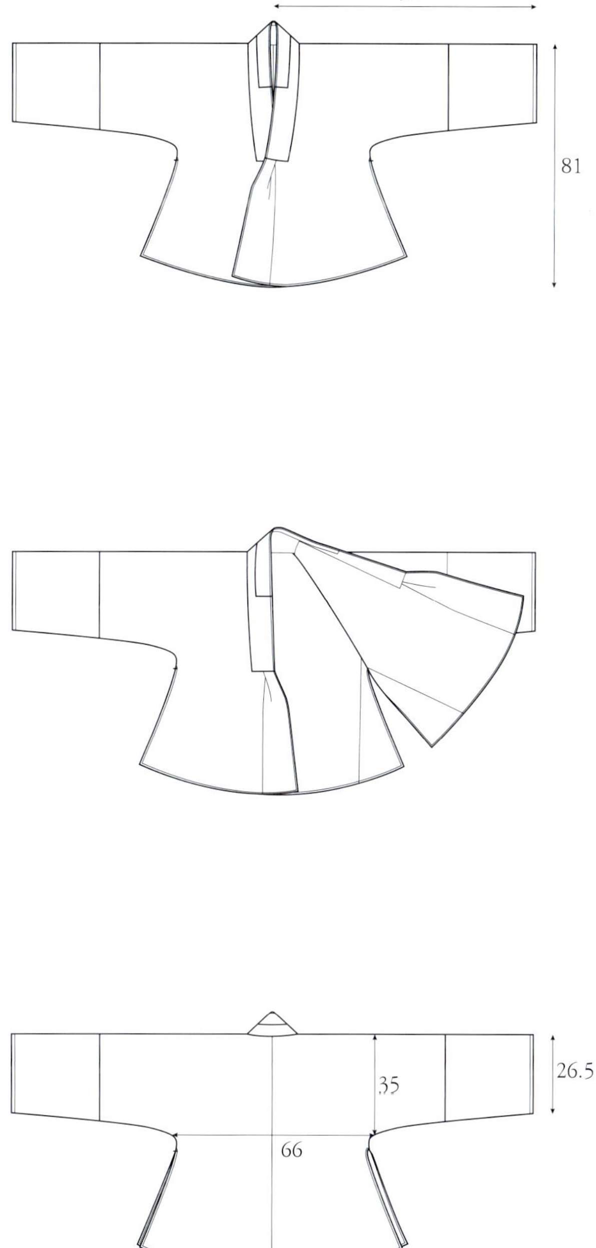

17. 도판 25(B009310)

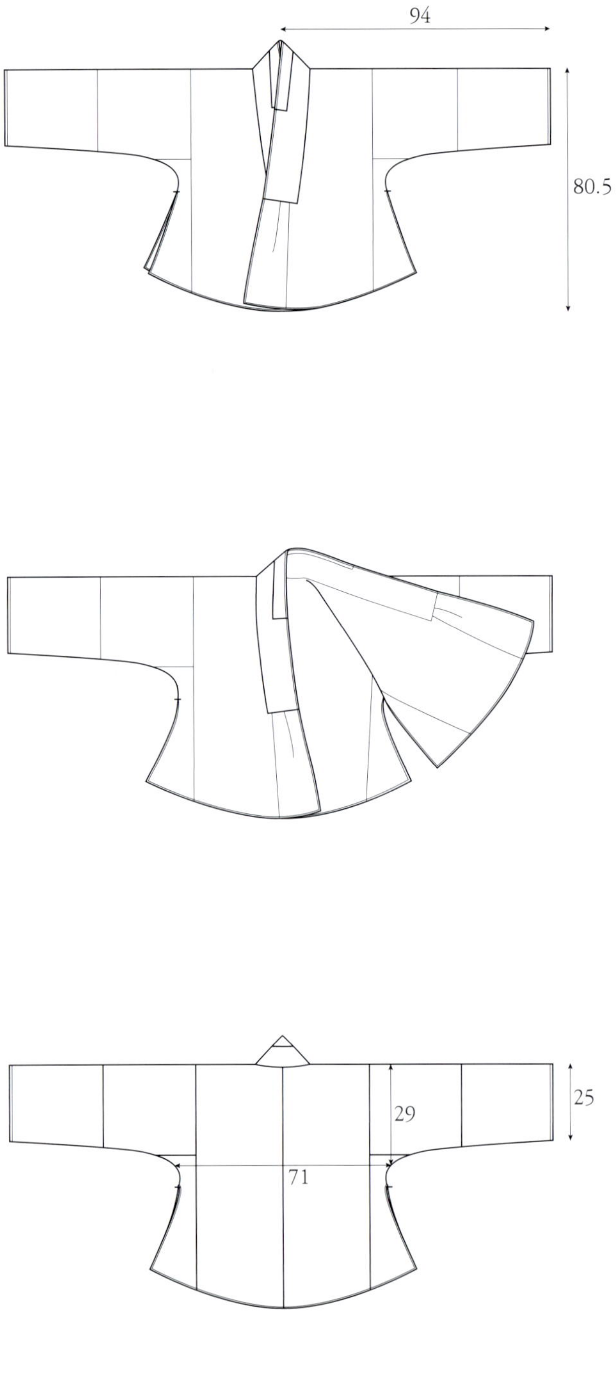

18. 도판 26(B009309)

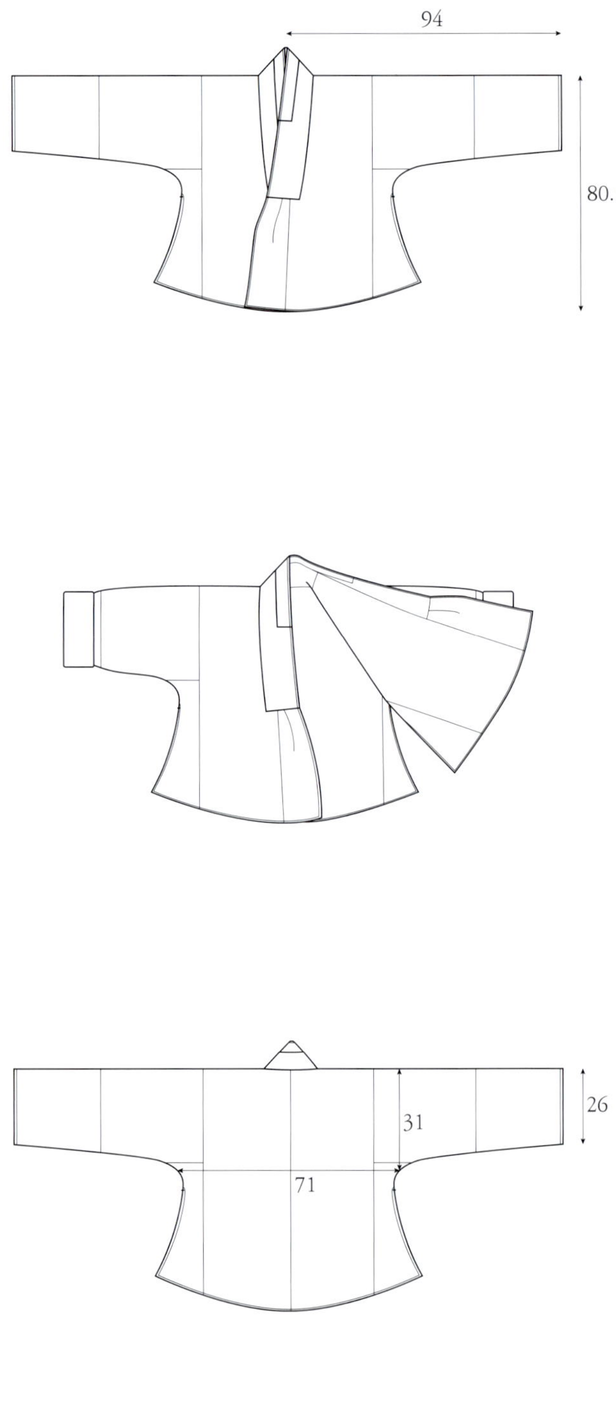

19. 도판 27(B011490)

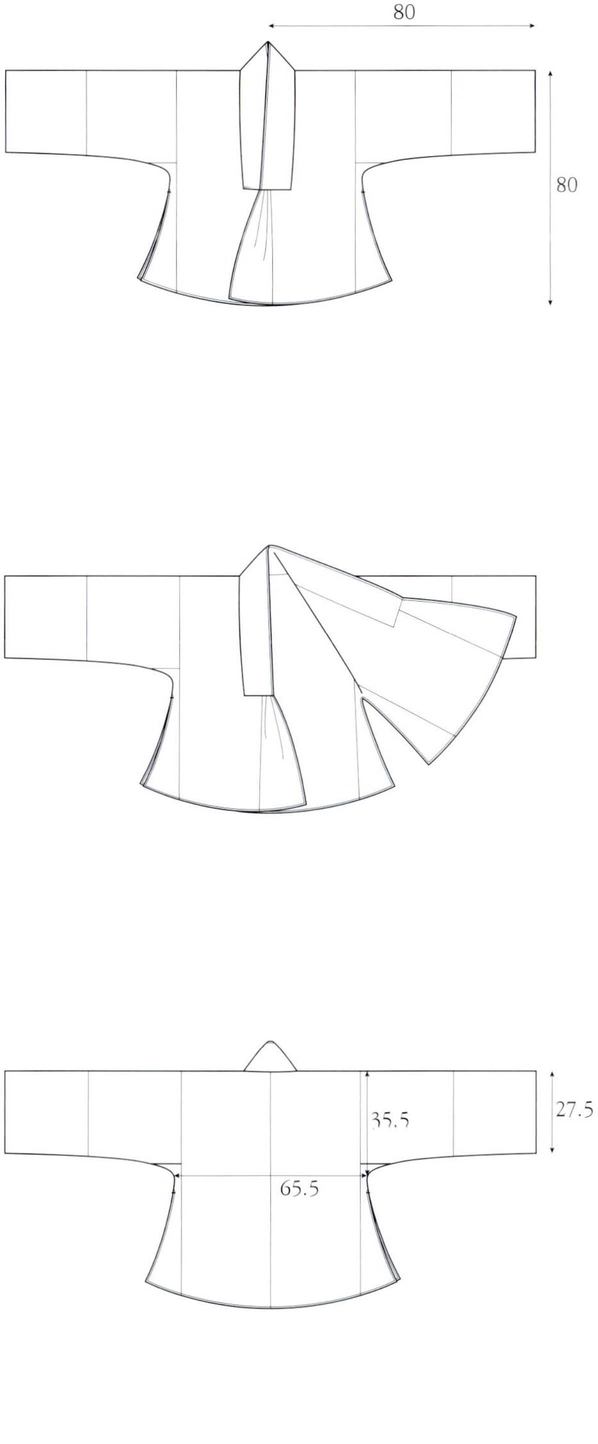

20. 도판 30(B003477)

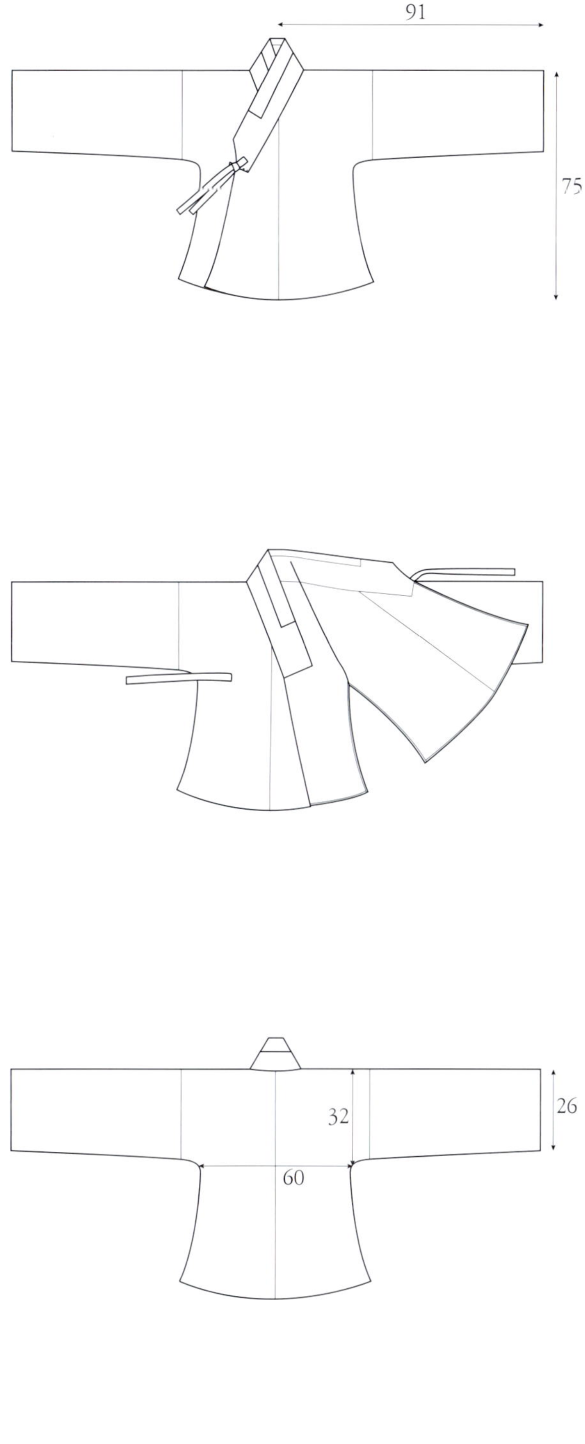

21. 도판 32(B009491)

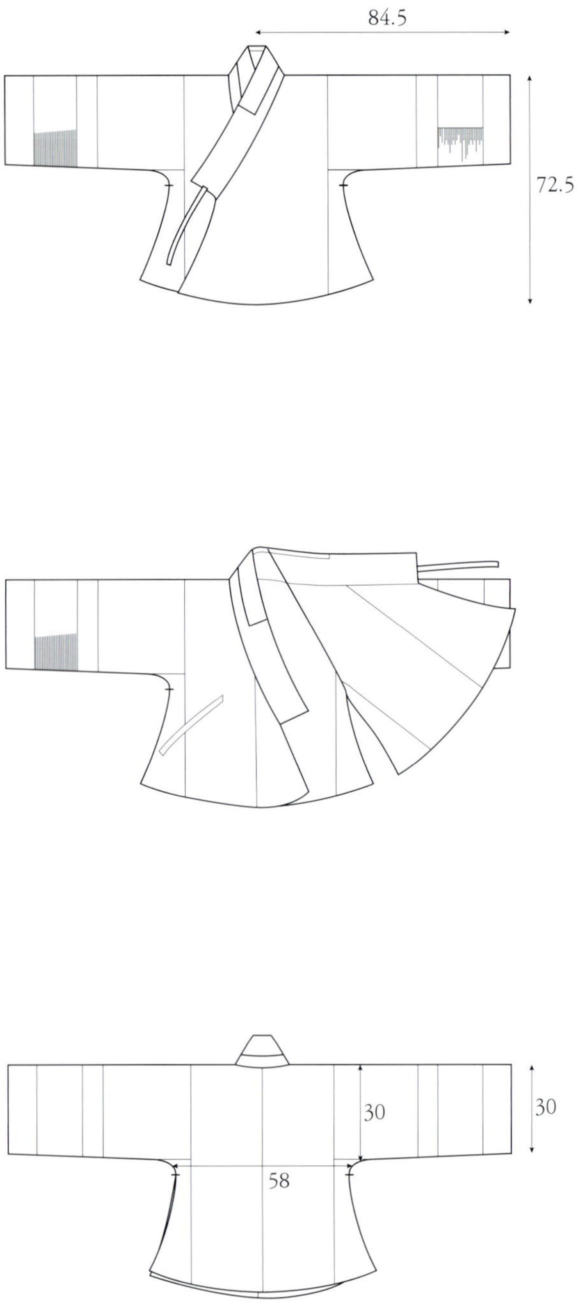

22. 도판 33(B009492)

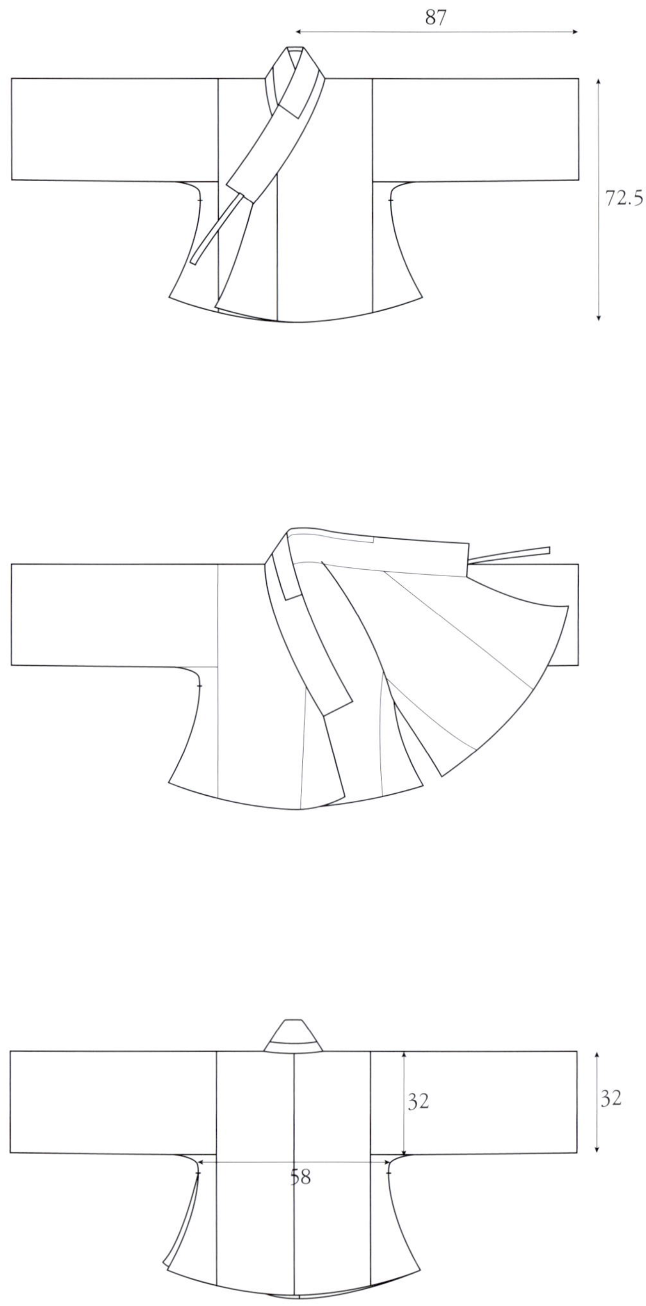

23. 도판 36(B008363)

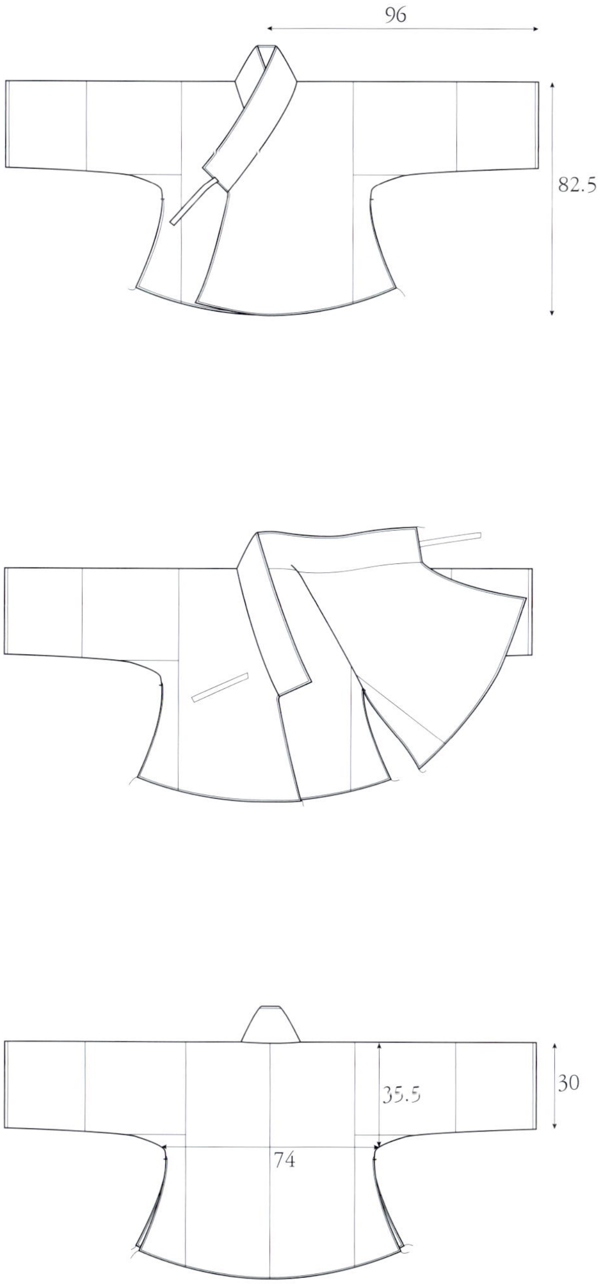

24. 도판 37(B008351)

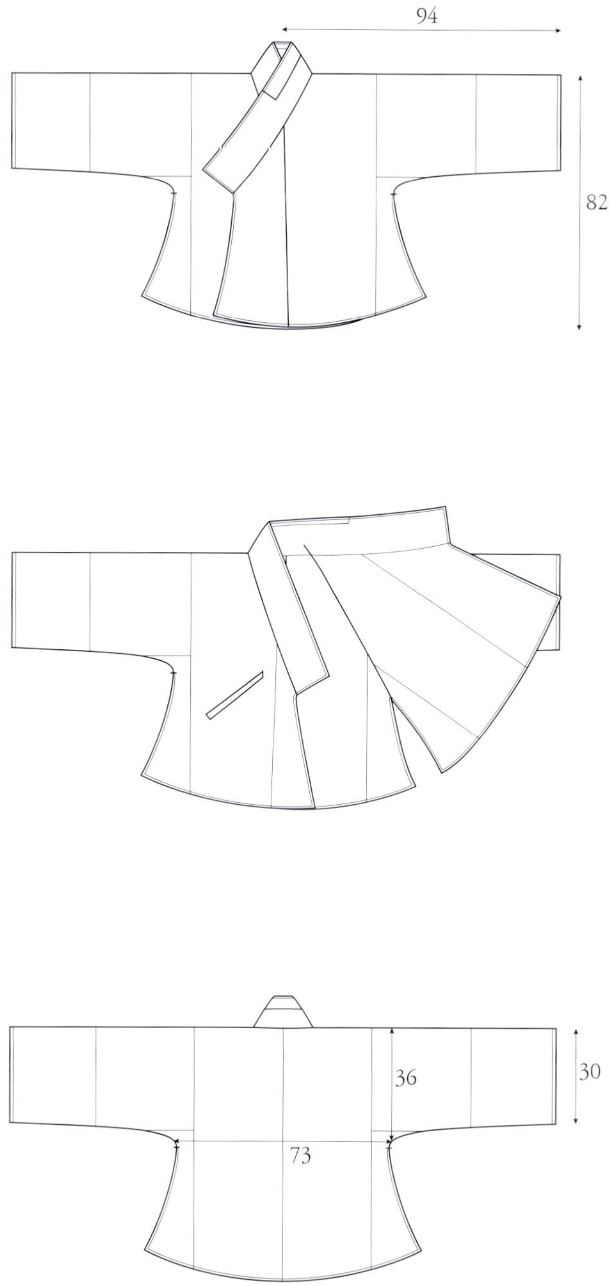

25. 도판 38(B008362)

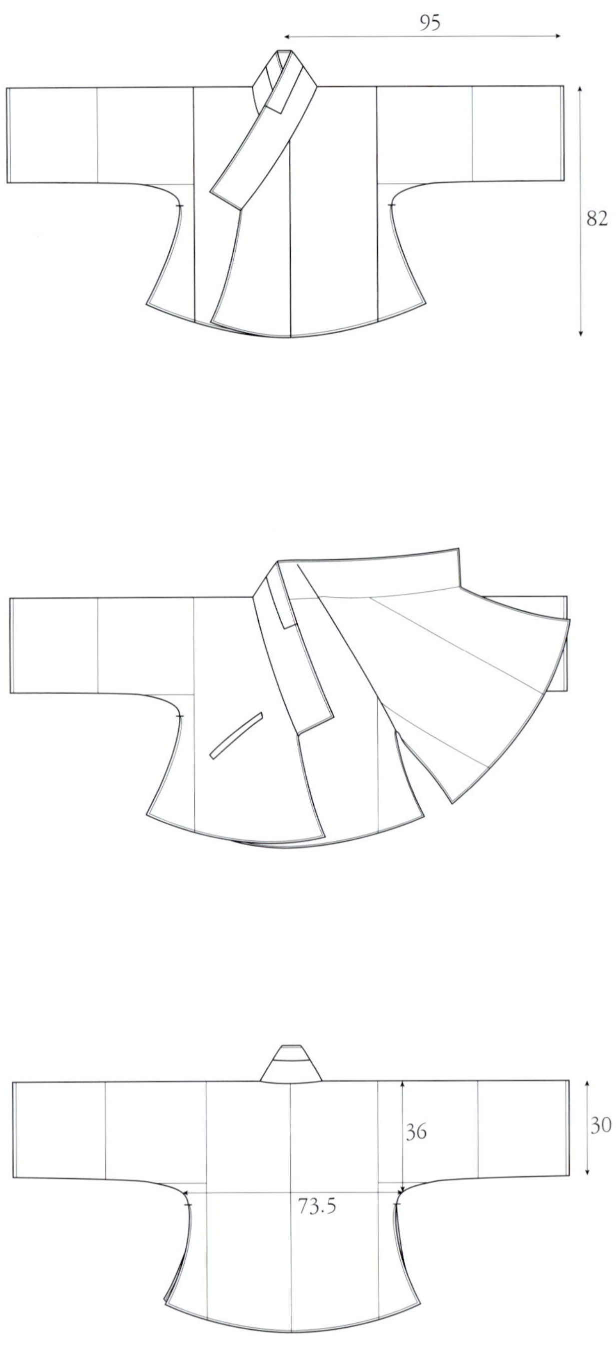

26. 도판3 9(B009583)

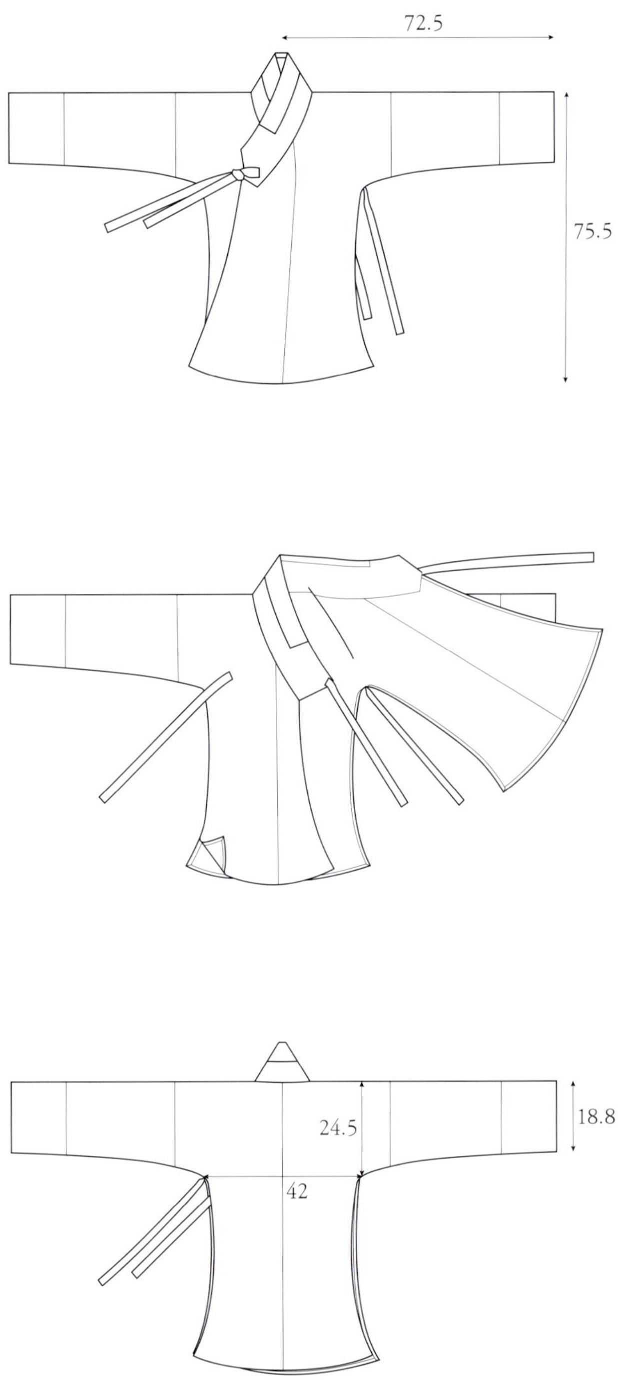

27. 도판 40(B009571)

28. 도판 41(B009580)

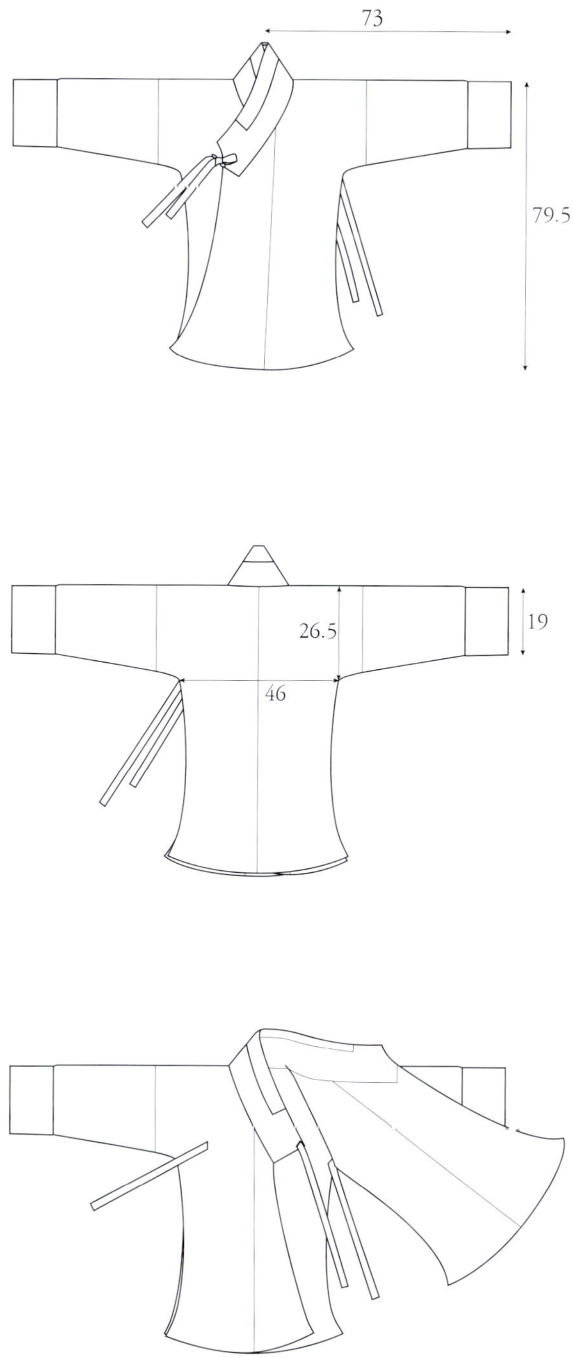

29. 도판 49(B000542)

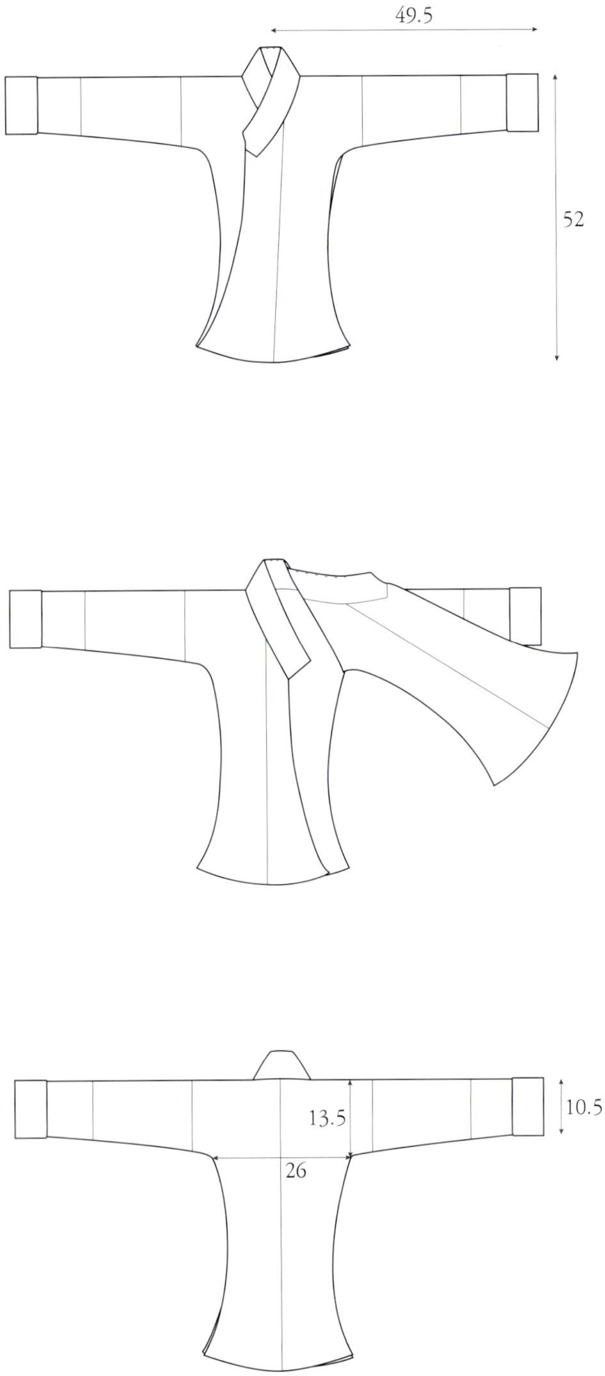

30. 도판 50(B000543~4)

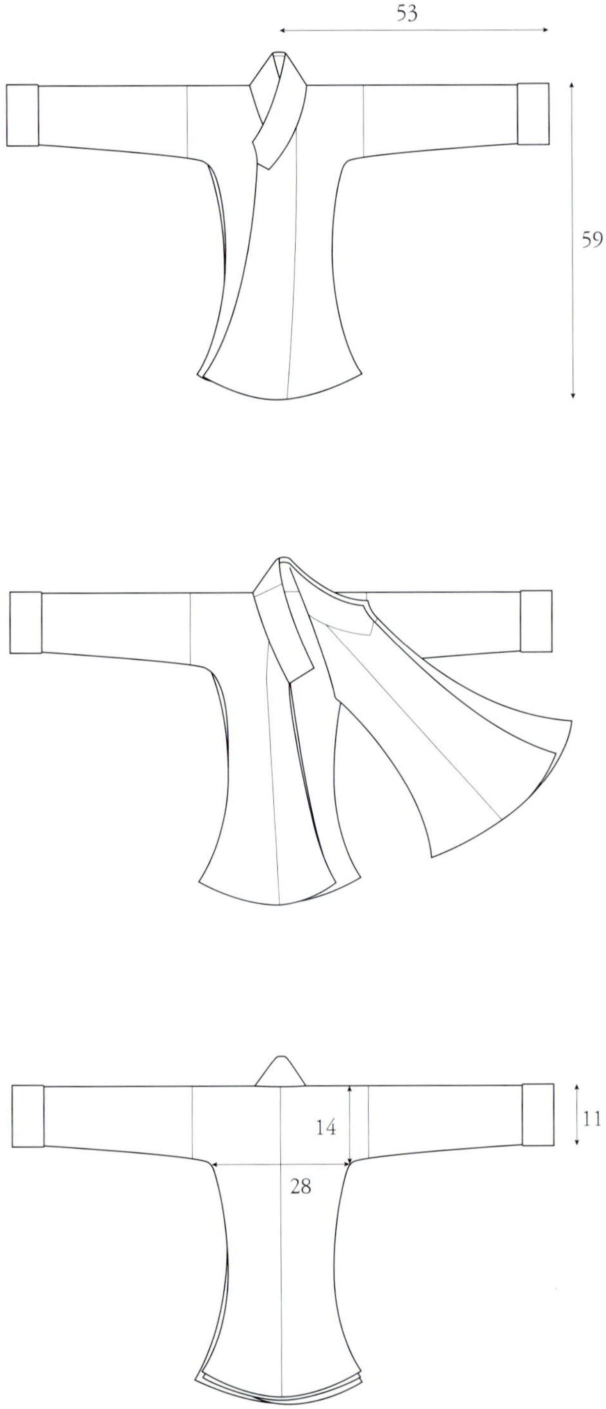

31. 도판 56(B000082)

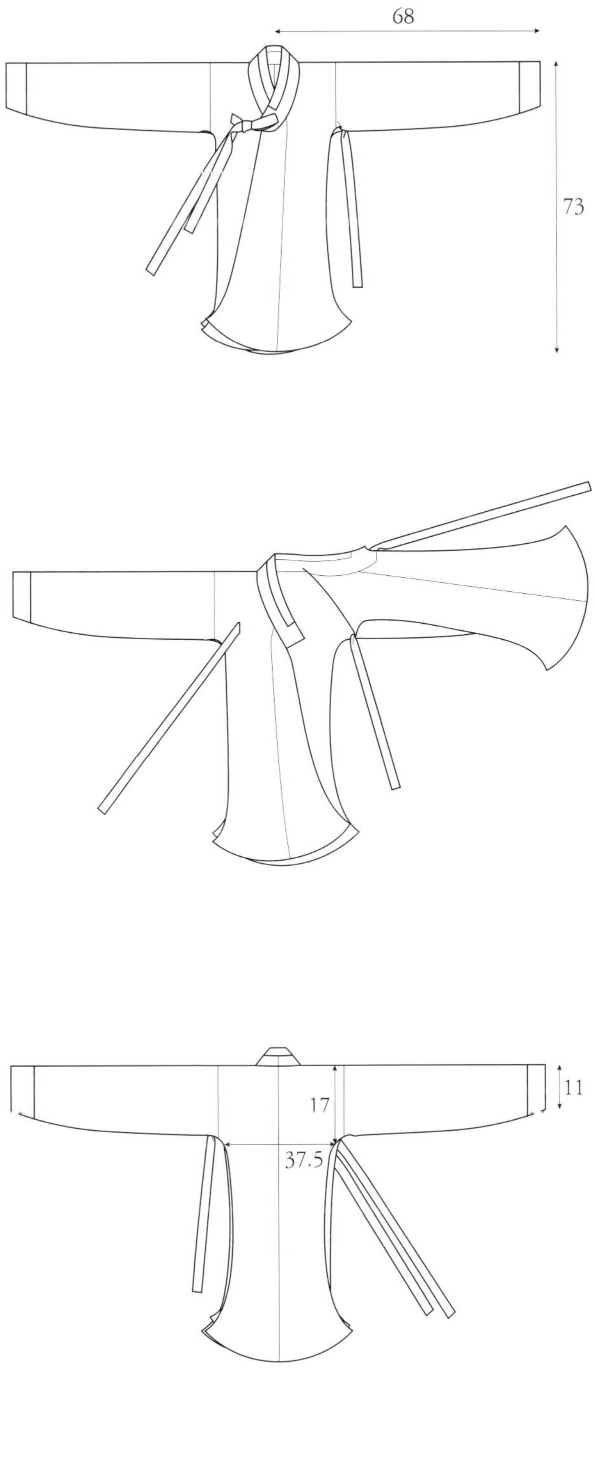

32. 도판 57(B000083)

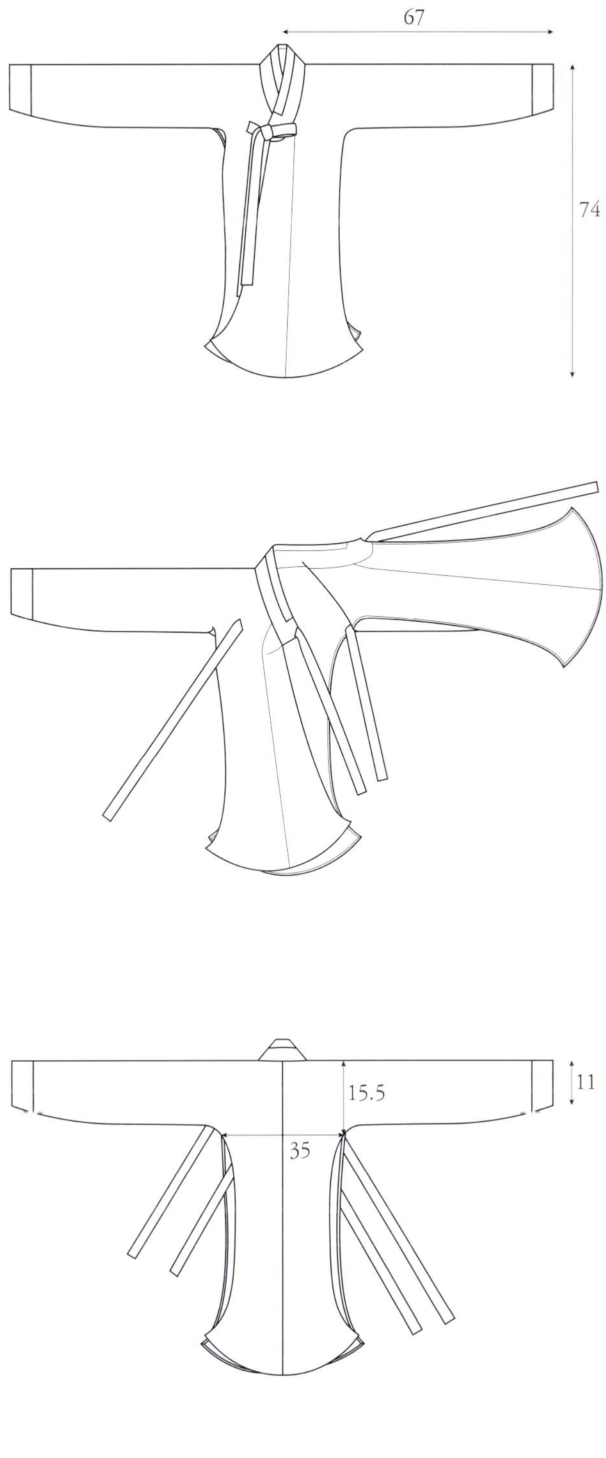

33. 도판 61(B001393)

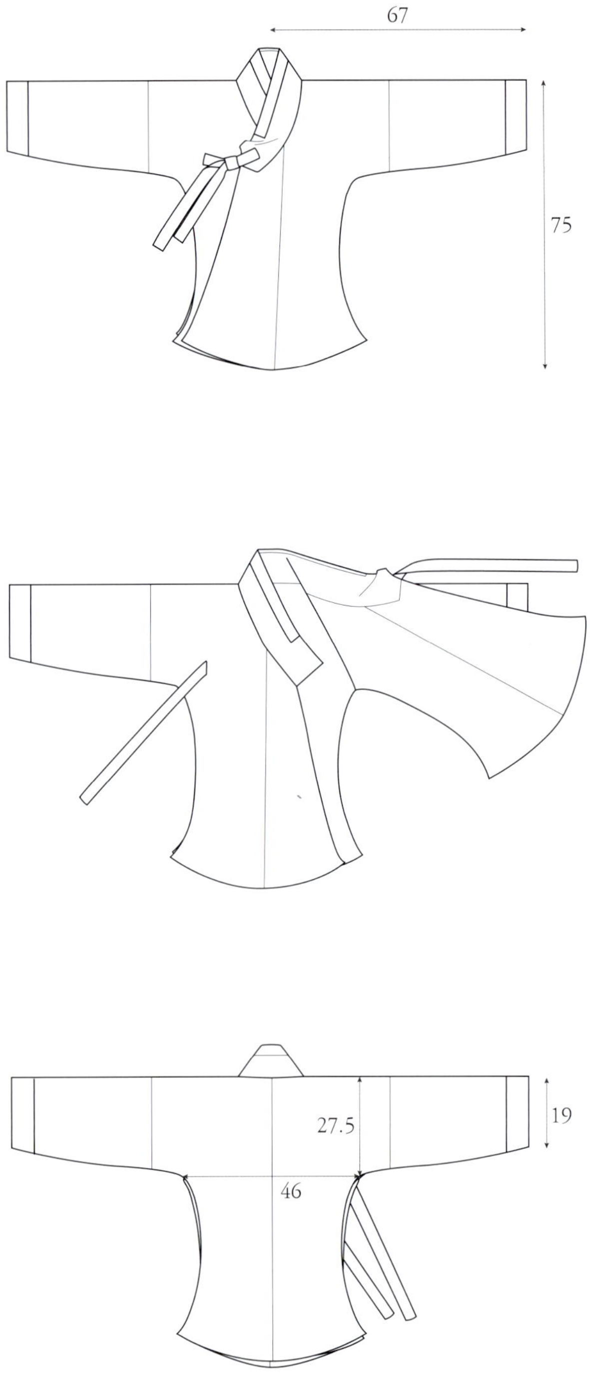

33. 도판 63(미등록)

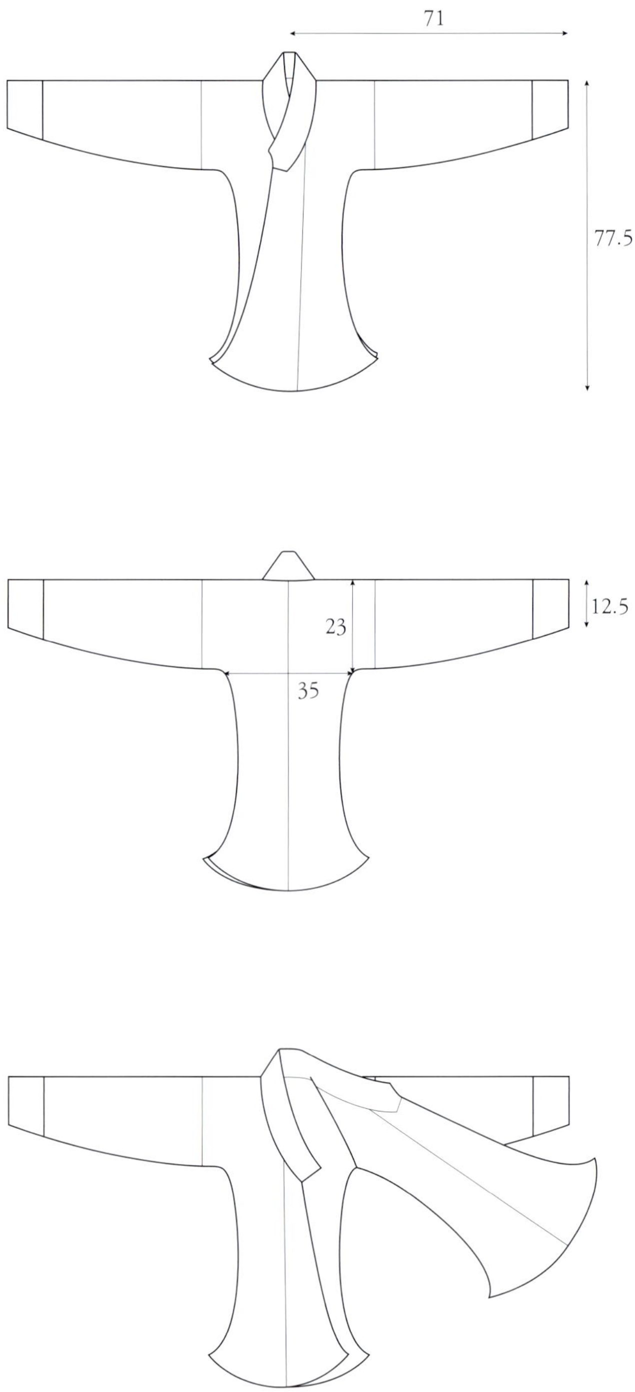

34. 도판 64(B003393)

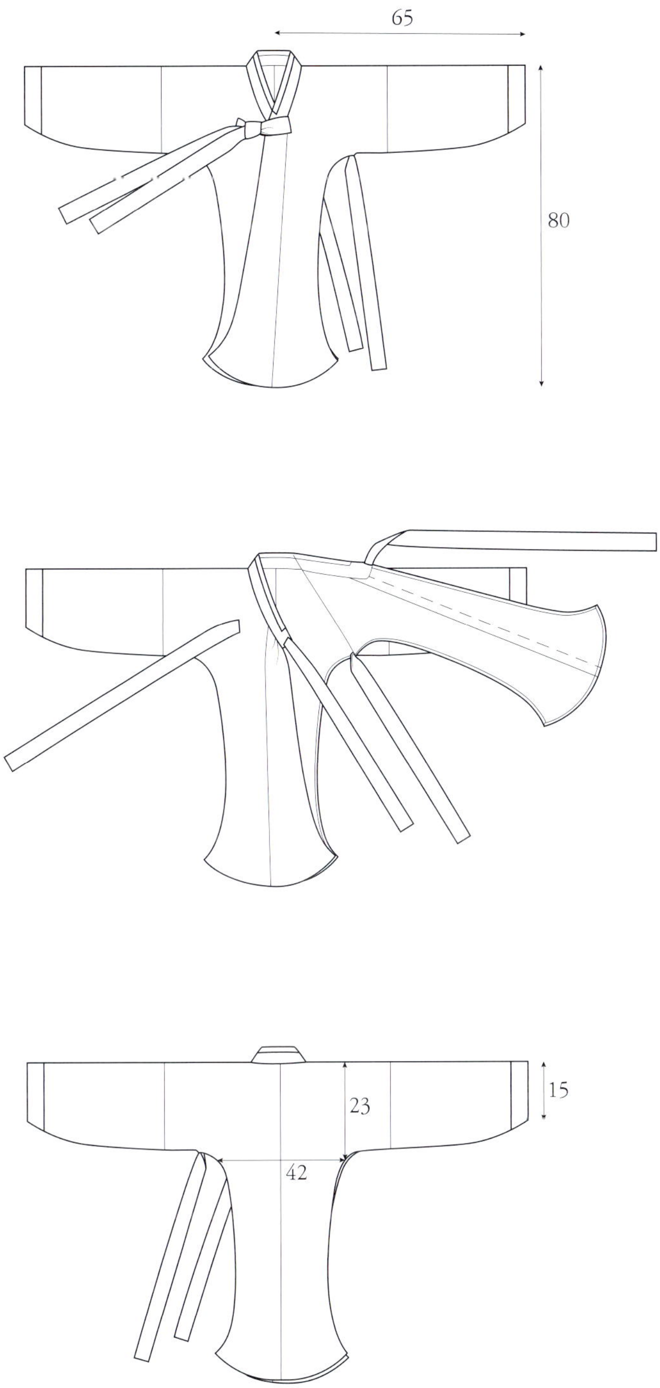

35. 도판 65(B001510)

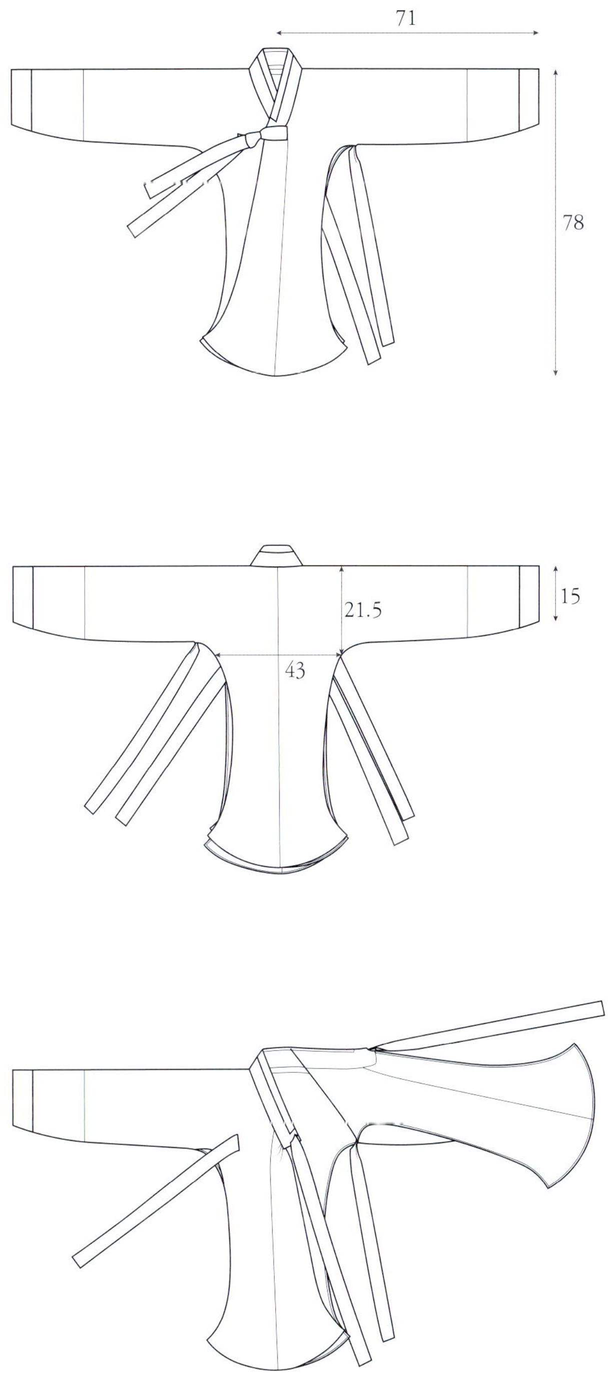

35. 도판 66(B003683)

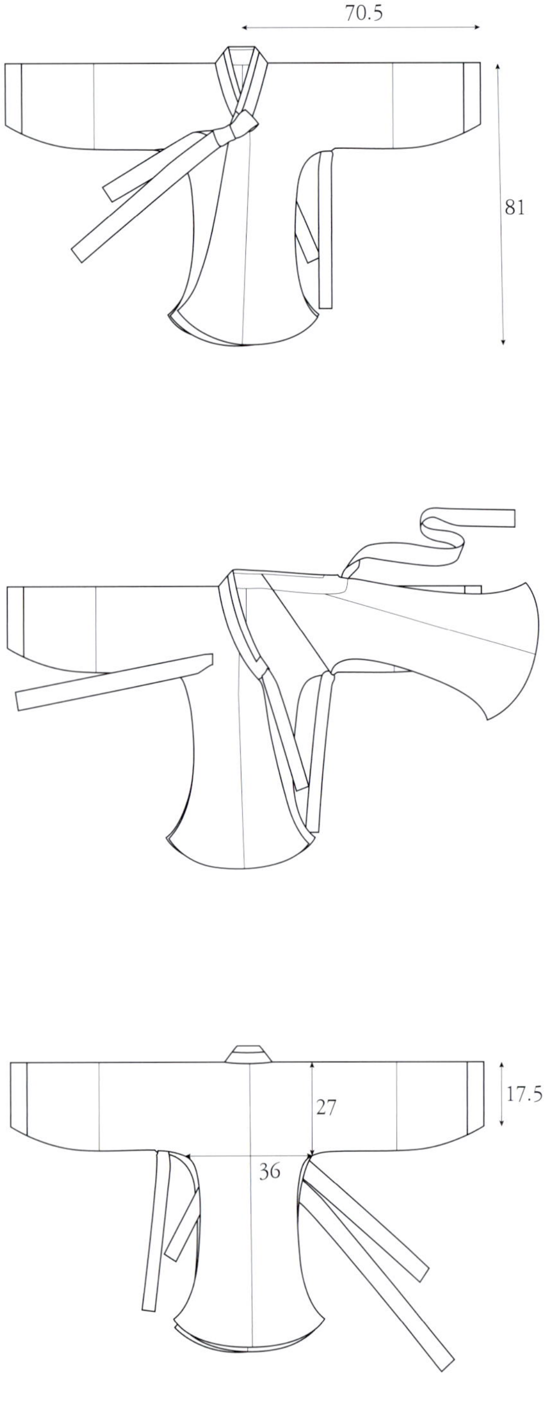

36. 도판 67(B003678)

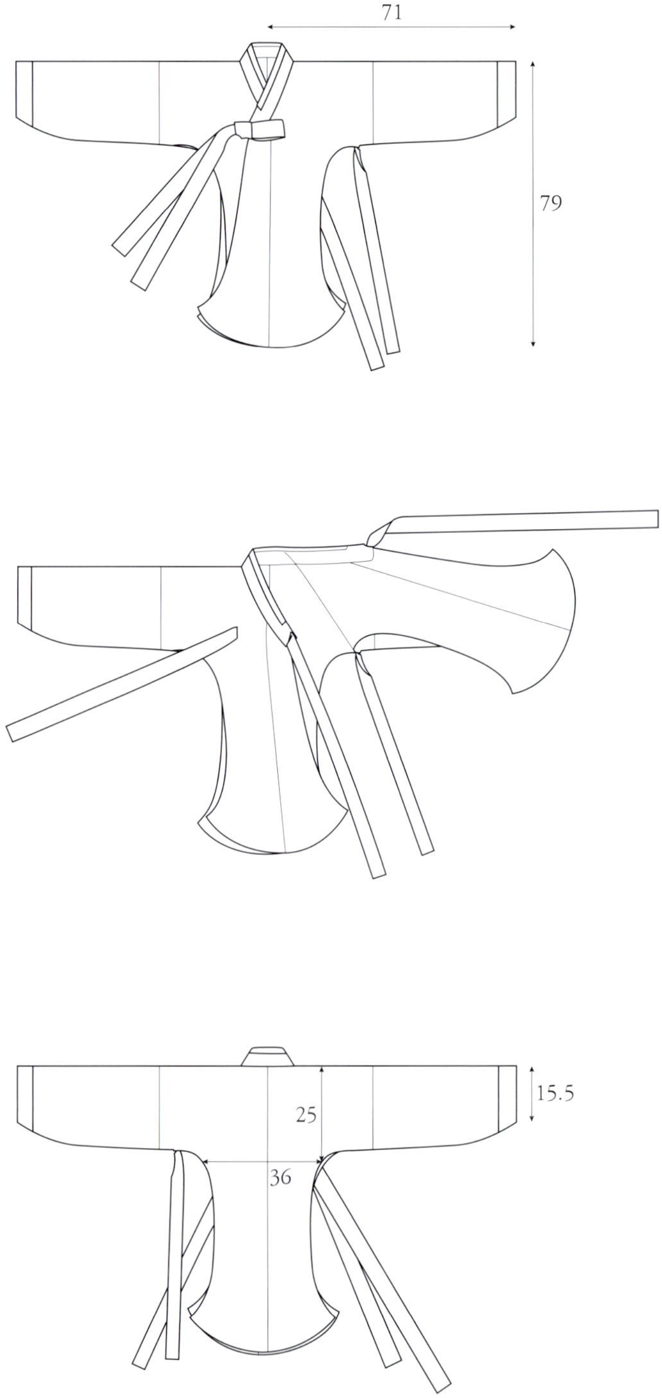

37. 도판 68(B001246)

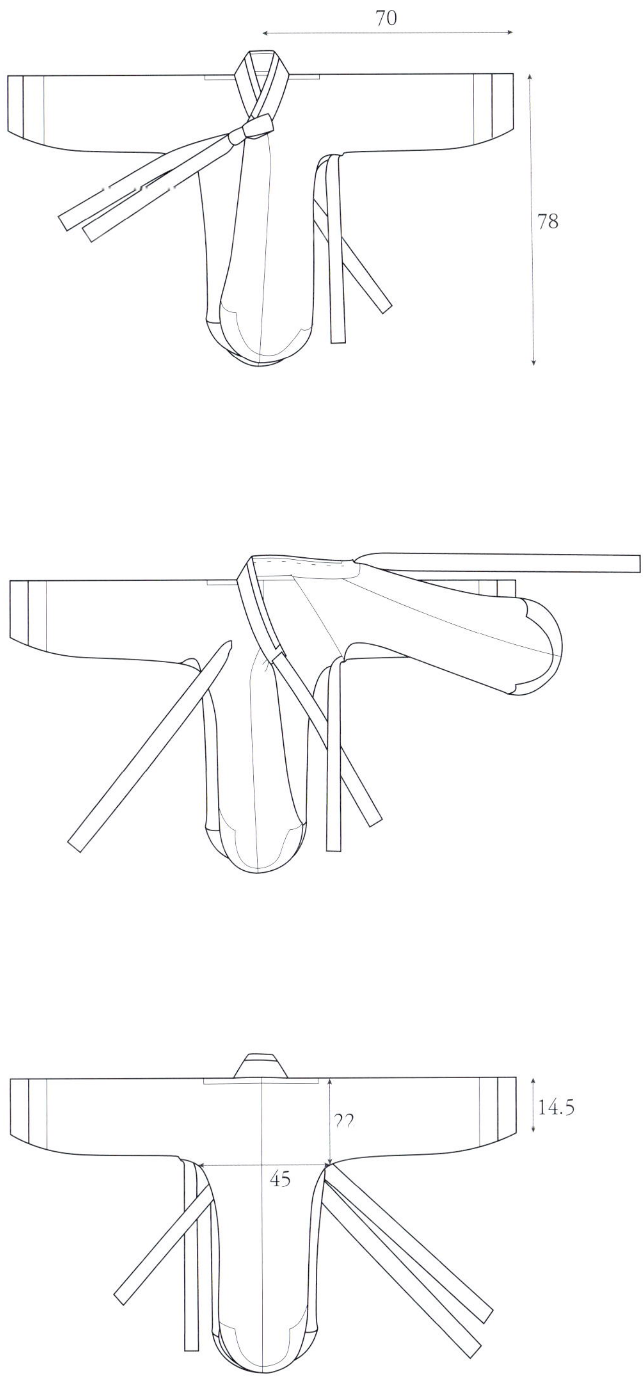

38. 도판 71(B000050)

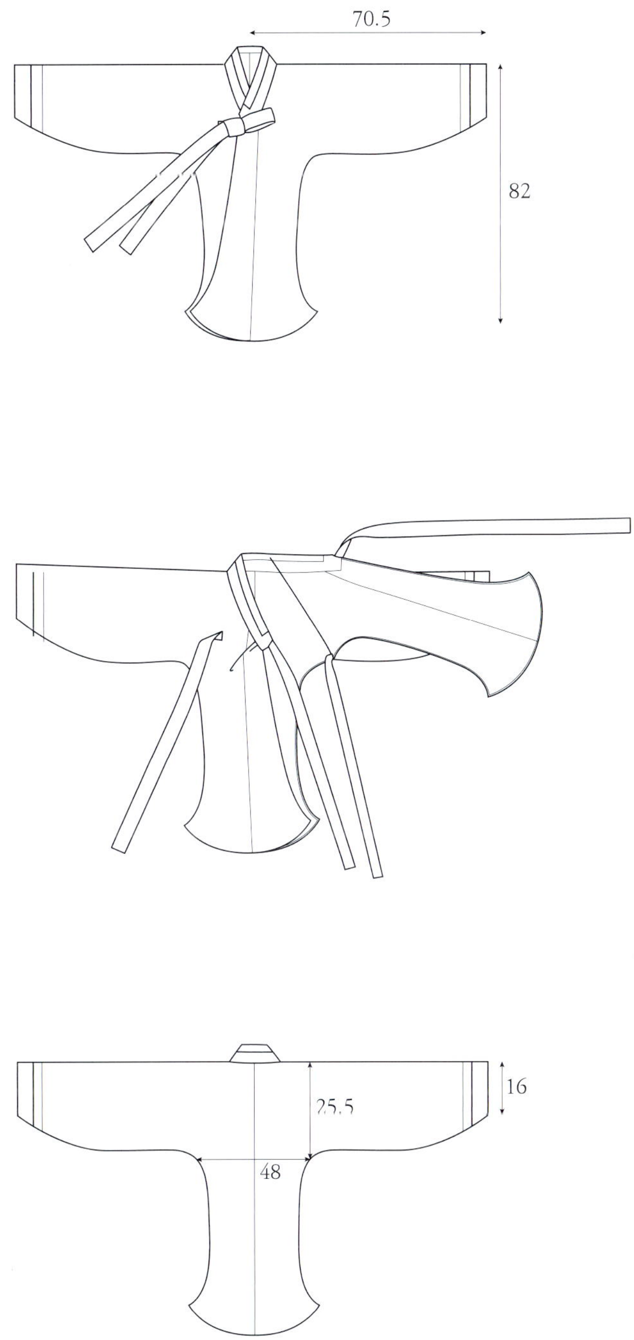

38. 도판 76(B003682)

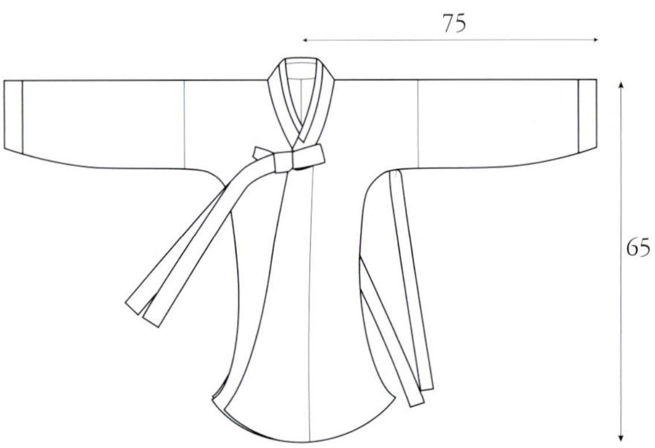

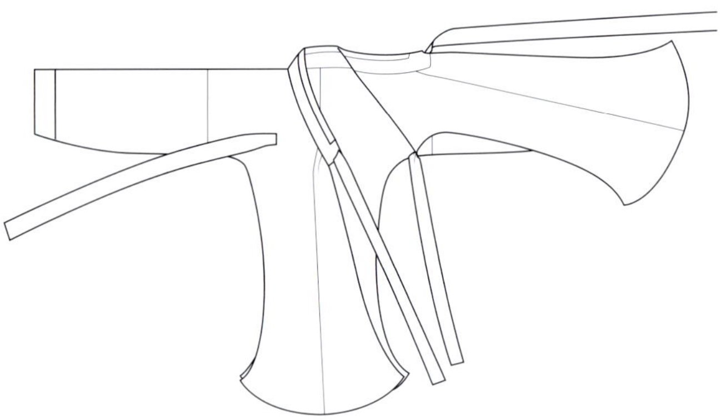

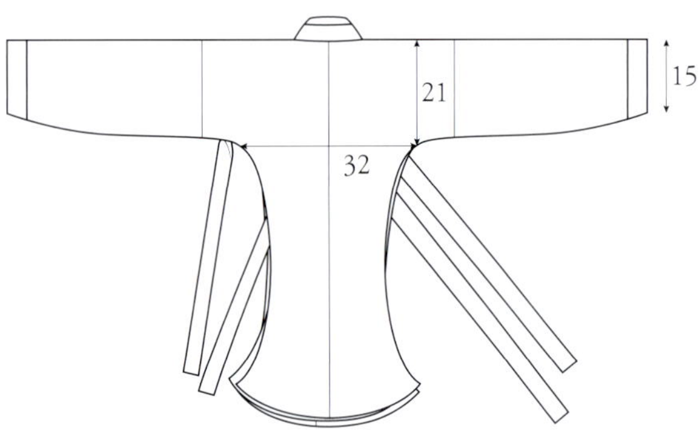

39. 도판 77(B003392)

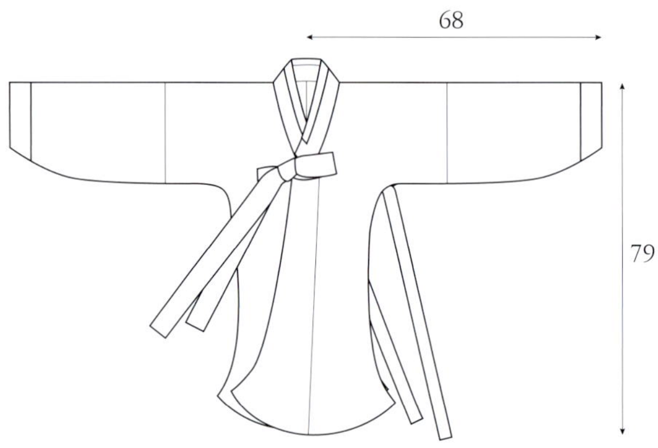

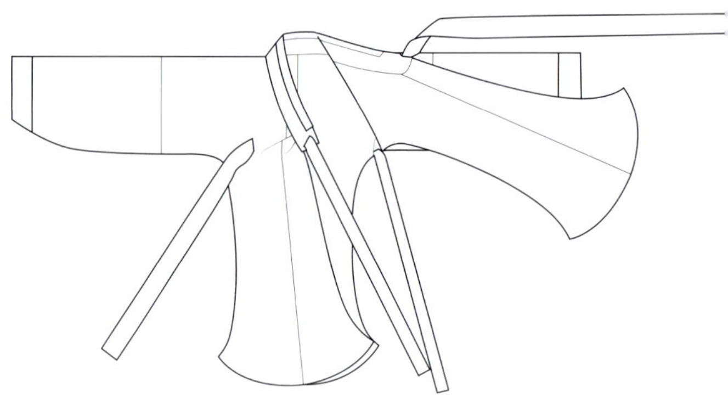

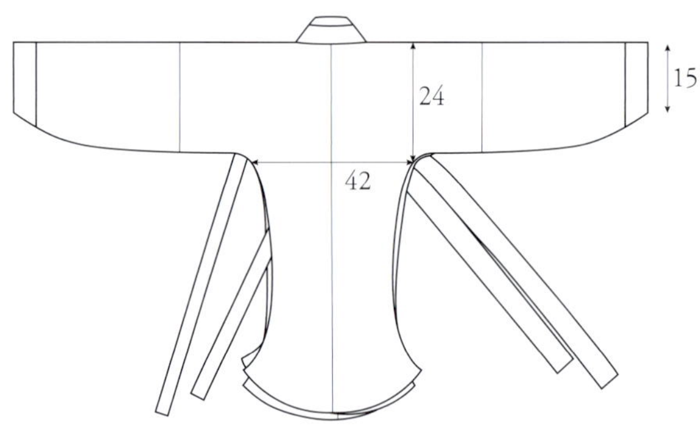

40. 도판 78(B003680)

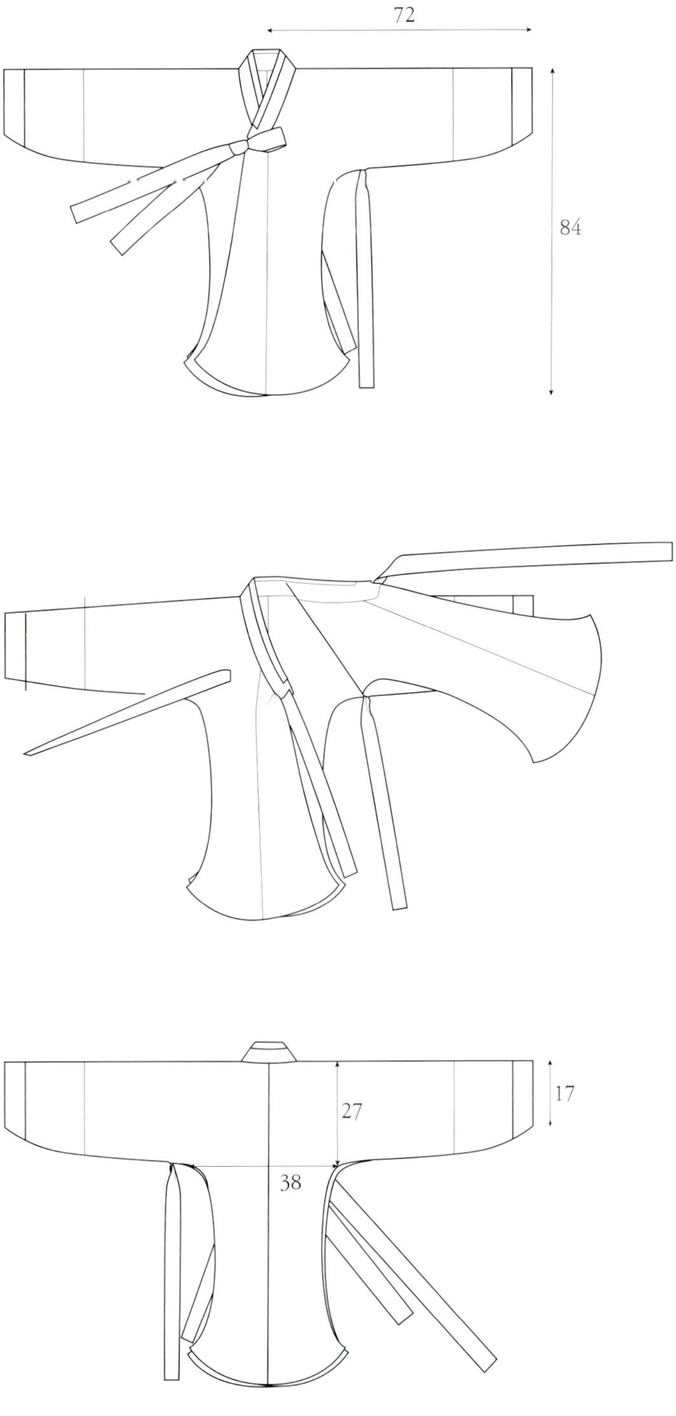

41. 도판 79(B003679)

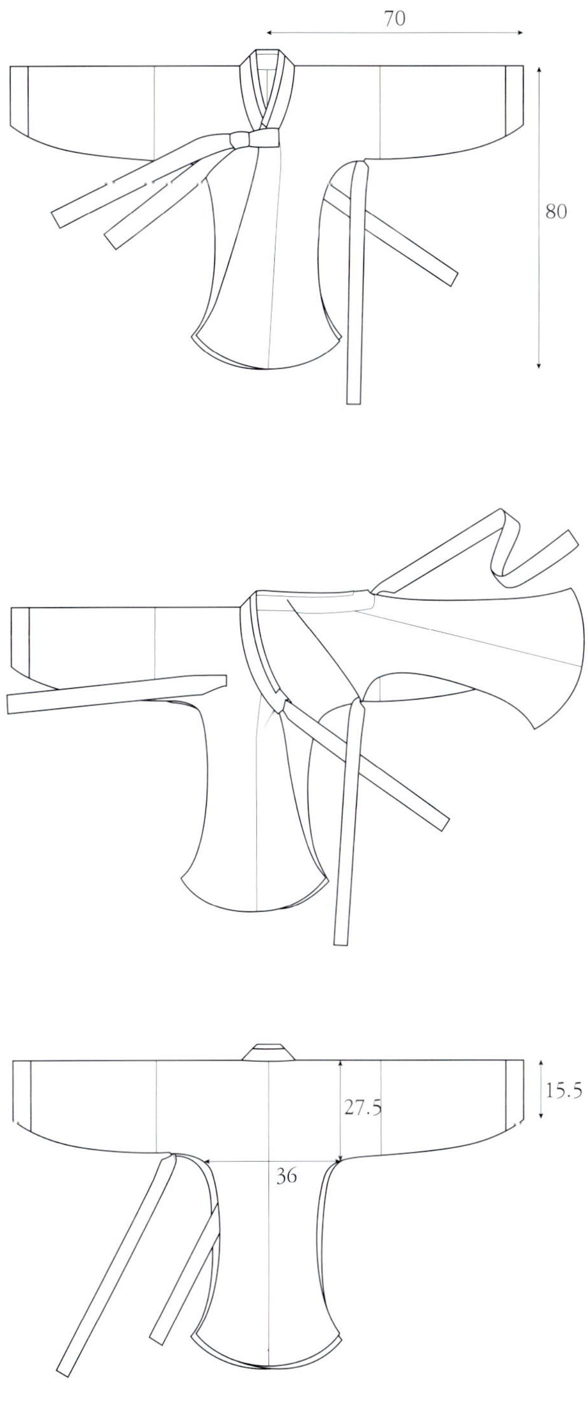

42. 도판 80(B000029)

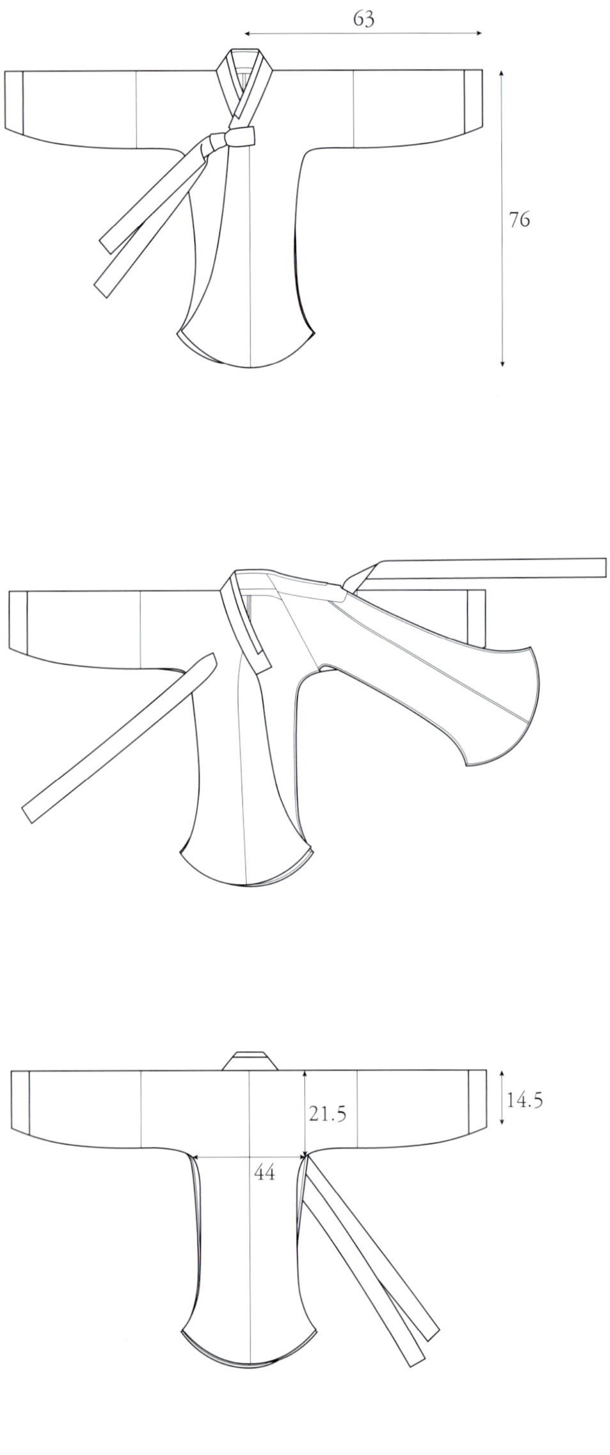

43. 도판 81(B003681)

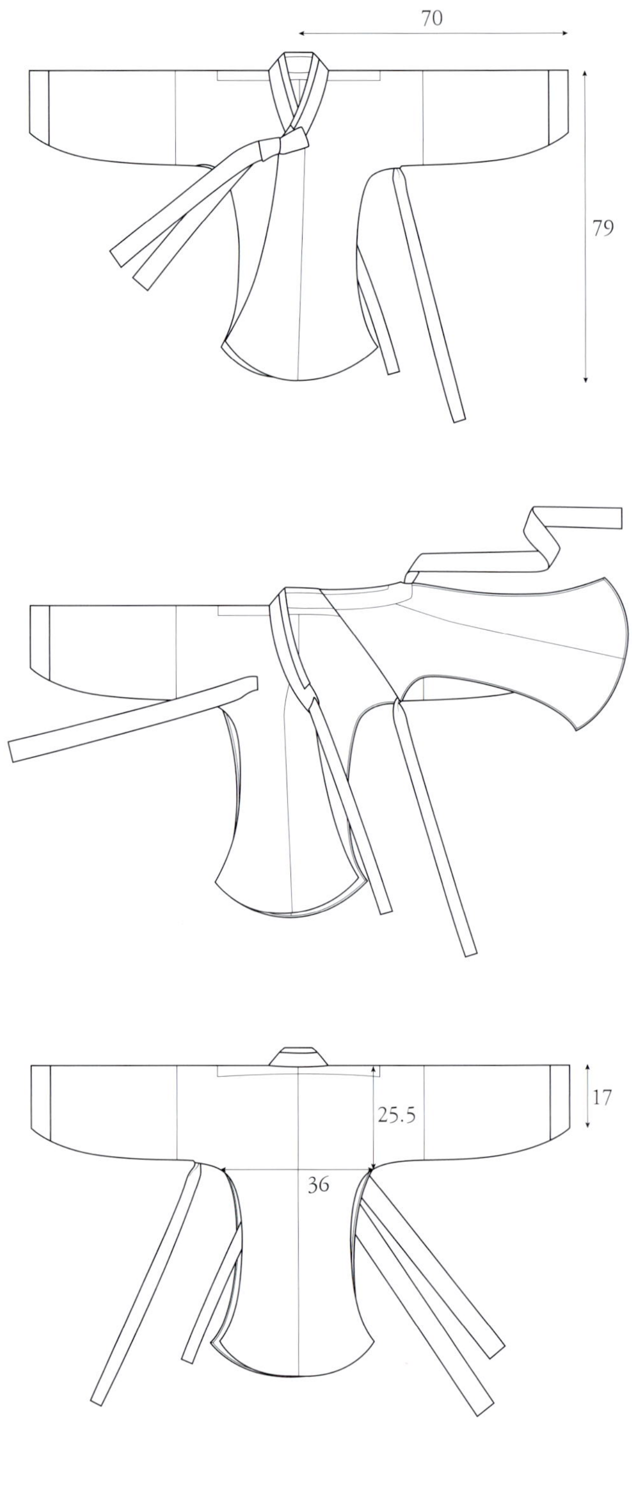

당의 唐衣 Dang-ui

1500s-1900s

Woman's Ceremonial long Jacket
1500s-1900s

총　　괄　박성순
기　　획　황진영
행정지원　이지영, 최서영
진　　행　황진영, 채정민, 오호석, 기수연
보조진행　백채림, 신경희, 주민지, 정현승, 김나경, 최진경, 김소현, 임가은
보존처리　채정민
원　　고　황진영
영문번역　Christopher J. Slade
일러스트　김지희
협　　조　권은주, 김명자, 김아람, 박양희, 유현수, 이연, 이연주, 이혜자
이황조, 장정윤, 정말숙, 한수경
사　　진　서헌강 사진연구소
전시디자인　지키다 수
디 자 인　디자인예담
유 물 및 이미지대여　경기도박물관, 경운박물관, 고려대학교박물관, 국립고궁박물관
국립민속박물관, 국립중앙박물관, 서울공예박물관, 수원박물관
숙명여자대학교박물관, 인천광역시립박물관, 충북대학교박물관
하남역사박물관

펴 낸 이　안순철
기　　획　양영유
제　　작　성두현
마 케 팅　박광현, 임현수
엮 은 곳　단국대학교 석주선기념박물관
031-8005-2390　https://museum.dankook.ac.kr
발 행 처　단국대학교출판부
등록 1968.02.27: No. 제03-0095호
16890　경기도 용인시 수지구 죽전로 152
031-8005-2402

2025년 5월 10일 인쇄
2025년 5월 23일 발행

값 35,000원

Published by Dankook University Press

Printed in korea

ISBN 978-89-7092-847-0　93380